ENCOUNTERING THE LOCAL
Responses to the Development Intervention
from Actors' Aspect

遭遇地方

行动者视角的
发展干预回应研究

李春艳 著

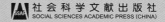
社会科学文献出版社
SOCIAL SCIENCES ACADEMIC PRESS (CHINA)

前　言

本书缘起于笔者自 2005 年开始在河北省杨乡参与的"以研究为导向的参与式社区发展项目"实践。在长期与当地村民同吃同住的互动过程中，笔者发现他们对发展干预有许多颇有趣的回应行为。例如，对于项目援助，有的人满心欢喜、积极参与；有的则仅仅是旁观，似乎漠不关心，甚至表示抵触或公然反对；有的通过采取一系列策略，既能使项目目标顺利实现，还能实现自己的利益；还有的虽然没有直接参与项目，却可能会通过各种方式让项目朝着相反的方向发展变化。由此看来，地方行动者并不是被动地接受外界的援助，他们有自身的利益需求、有对项目的特殊理解，对项目的介入有不同的回应方式；他们的行动可能会对项目实施产生一定的反作用力；并且随着项目的实施，村民对项目的理解、看法以及行为在不断发生变化。不仅如此，作为干预实施者的我们，在与村民的日常互动过程中，对他们的认识也在不断发生变化；根据他们的不同回应，我们也在不断调整自己的行为及项目方案以完成预期目标。

以上现象事实上在很多政策或项目实施过程中普遍存在，发展干预失败的案例也数不胜数。例如，战后发达国家对发展中国家为解决饥饿和粮食供给问题的援助，不但没有取得预期效果，反而使之进一步恶化（埃斯科瓦尔，2011）；以现代化理论为基础的联合国"两个发展十年"规划，也在拉丁美洲惨痛的发展实践中化为泡影（叶敬忠、那鲲鹏，2008）。针对国际上干预过程中出现的诸多让人失望的现象，从 20 世纪 70～80 年代开始，不少学者开始转向对发展干预本身的反思。于是，参与式发展、赋权、性别发展等思想开始越来越受到人们的关注，并逐渐被运用到发展实践当中。例如，"参与式"发展理念强调农民的参与，强调赋权于农民和弱势群体，强调提高农民自身的能力以实现人的发展。然而，这些发展干预研究仍然过多集中在关注干预项目或政策如何设计、实施并达到预期目标进而实现"发展"的这一制度设计过程。作为发展主体的地方行动者在干预中的能动性却被忽视了。当发展项目进入地方社区后，地方行动者是不是像别人所认为的那样，作为项目的受益者会欣然接受外部的援助？他们在发展项目中究竟有哪些回应？这些回应的合理解释是什么？发展干预本身究竟多大程度上促进了地方的发展？是发展干预改变了地方生活，还是地方生活改变了发展干预？

20世纪80年代以来，一些在非洲国家进行的人类学研究在这方面取得了丰硕成果。例如，阿尔贝托·阿尔克（Alberto Arce）通过对农村政府官员与农民之间的互动进行研究，详细探讨了外来农学家是如何试图将新的杂交技术引入现存的农业发展项目中的（外来农学家认为这种技术符合地方生产者的需求）。他指出，农民和行政官员对其计划的回应表明了不同行动者之间的对立性以及不同生活世界与每日知识的差异，揭示了所谓农业发展和技术转移之间的矛盾（Arce，1986）。詹姆斯·斯科特（James C. Scott）则通过观察人们的日常抵抗行为，指出任何生产过程都依赖于许多非正式的和随机的活动，而这些活动不可能被正式设计在规划中，因此，被设计或规划出来的社会秩序一定是简单的图解。这些图解经常会忽略真实的和活生生的社会秩序的基本特征，从而容易损坏项目目标群体的利益，并最终导致设计者的失败（詹姆斯·斯科特，2012）。彼得·德·弗里斯（Pieter de Vries）研究的是土地改革机构通过给地方居民提供土地、信贷和相关服务来缩减农村贫困的项目。他通过对官方和客户之间的互动进行研究，指出整合性农村发展模式并没有成功的原因在于，项目被地方利益和外部机构共同操作并逐渐潜入村落社会和项目制度程序中，因此，发展干预在实践过程中实质上不是受到政策的驱动，而是受到组织的要求以及维持其关系网络的驱使（Vries，1992）。21世纪初，大卫·摩西（Devid Mosse）在讨论政策与实践之间的关系时，通过探索项目区内人们复杂的亲缘关系、土地利用与生计状况，揭示了政策观点和社会实践之间的脱节。他认为，发展项目中各个层次的行动者具有复杂的能动性，这就导致那些具有启动和保持政治支持功能的政策模式并不能够指导实践行动，也不能够轻易地转化为实践（Mosse，2005）。

诸如此类的发展人类学研究，通过长期参与观察地方的日常生活，向我们生动地揭示了微观实践与宏观干预之间的差异性，批判了传统发展理念的"政策—实施—结果"的线性过程。国内学者王伊欢以河北省西山乡综合社区发展项目为例，指出发展干预过程是一个动态的、社会化的过程，不同角色的价值利益取向决定了各自战略的形成，其互动重塑了干预内容和结果；干预者与被干预者的社会权力关系在干预过程中是动态变化的，社区固有的社会关系形式特别是领导阶层的行为表现，在很大程度上影响干预过程中群众的态度与行为状态，进而影响干预过程和结果（王伊欢，2003，2005）。遗憾的是，王伊欢教授并未从人类学视角记录和探析这一"非线性"特征产生的时空背景、核心要素以及内化逻辑。

为了弥补发展人类学在中国发展干预研究中的缺位，本书试图以此为突破点，通过关注干预对象的日常生活以及项目实施者、地方官员、居民等不同群体之间的互动和社会关系，并以民族志的方式展现和剖析发展干预的地方实践，揭示在宏观干预条件下，发展项目是如何进入当地居民日常生活并最终得以成功或失败的地方逻辑；通过对地方行动者之于发展干预的解构、内化、重塑过程的分析，试图对发展干预者的角色、功能以及发展干预本身做进一步反思，并希望以此对从事发展干预工作的理论及实践者起到一定的参考借鉴作用。

目　录

Table of Contents

第一章 导言：宏观发展与
微观干预实践

第一节 关于发展

"发展"源于二战后西方资本主义国家对有关殖民地以及新兴国家现代化问题的讨论。这一时期，尽管学者从经济学、社会学、政治学、文化人类学等领域对发展有不同的解释，但是主流发展理论，如现代化理论、依附理论、世界体系论，以及后来的多元化后现代理论，很大程度上直接影响着发展干预的实践与研究。

在 20 世纪 50 年代中期，兴起于美国的现代化理论作为当时学术界对发展的主流解释，认为发展中国家相对于西方发达国家而言还处于传统的社会阶段，其未能实现现代化发展的原因在于社会内部的"传统性"；西方发达国家的现代化由其自身制度结构和文化传统促成，西方文明是一个以合理的现代科学技术和经济制度为基础的文化丛（张琢、马福云，2001）。因此，落后国家要实现发展，需要引入西方文化价值观，需要通过技术上和制度上的不断改革与进步而最终实现由传统社会向现代社会过渡与转化的"现代化"过程。在实践中，可以通过一系列干预手段来使"发达"国家或部门向这些传统的"欠发达"国家和地区转移技术、知识、资源以及组织形式，从而实现传统国家的现代化。

到 20 世纪 60 年代，从社会外部探讨发展问题的依附理论开始占据上风。其思想渊源主要受到马克思政治经济学的影响。马克思政治经济学理论强调现代化过程中剥削的本质，认为不发达国家常常被动地被发达国家整合到不平等的经济与政治关系网中。基于此，依附理论引入了

"中心"和"外围"之间不平等关系（包括政治、经济、贸易等方面）的概念来解释发展中国家不发达的原因。其代表人物有安德烈·G. 弗兰克（Andre G. Frank）、萨米尔·阿明（Samir Amin）以及桑托（Santos）等。依附理论认为，外围国家对中心国家的依附、中心国家对外围国家的控制和掠夺，导致了资源从落后的、依赖性较强的弱势国家流入先进的、占统治地位的发达国家，而这个过程不仅维持了不平等，更加重了不平等，并使之成为世界经济必不可少的结构性因素（叶敬忠等，2005）。由此，依附理论逐渐将人们的注意力引向了社会发展和政治发展，而不仅仅是经济发展。

20 世纪 70 年代末，在东亚一些国家和地区（如日本、韩国、中国香港等）惊人发展的背景下，以及受到依附理论和结构主义的启发，关于"发展"的世界体系理论应运而生。它的关注点在于处于"世界体系"中的各个国家所扮演的不同角色，其核心代表人物是伊曼纽尔·沃勒斯坦（Immamuel Wallerstein）。在世界体系论中，存在核心、半边陲和边陲三个不同层级的国家，它们分别扮演着不同的经济角色。"核心国家"在世界体系中占据主导地位，可以控制和支配其他国家；"半边陲国家"既可以在某种程度上受控于核心国家，也可以在一定程度上控制边陲国家；"边陲国家"则受到核心国家的控制和支配。因此，核心—半边陲—边陲构成了世界体系的基本结构，并且这些国家在体系中的地位是可以变动的，具有自身整体发展规律（张琢、马福云，2001）。世界体系理论以"发达"和"不发达"的二分法暗示了各国在这个世界体系中所处的位置。在这个体系中，任何闭关自守的发展或许都难以实现真正的"发展"。不过，之后的一些后现代发展学派对早期的依附理论和世界体系理论提出了批判，认为其理论基础实质是国家之间不平等贸易的垄断结构。

进入 20 世纪 80 年代后，伴随对发展实践的不断反思，新的发展理论学派开始涌现。例如，面对 70 年代经济危机导致的资本主义国家普遍出现的失业与通货膨胀现象，新自由主义在全球化背景下开始活跃起来，它主张国家对经济运行和经济活动的调控与干预越少越好，国家干预应主要体现在保护竞争机制、维护市场秩序、反对垄断方面。同时，

1972年罗马俱乐部发表的著名报告《增长的极限》，唤起了人类对环境与发展的极大关注，并提出了可持续发展理念。紧随其后的是以人为本的发展理论体系，它强调人的全面发展。在此背景下产生的"参与式发展"在农村发展领域得到广泛应用。总之，这一时期的发展理论或可归纳为具有百花争鸣特征的后现代理论。

伴随着这些发展理念的变化和影响，人们对发展路径的构想发生了转变。有学者总结认为，20世纪50年代以来，人们对发展的理解可划分为四个阶段：一是20世纪50~60年代强调的经济发展；二是20世纪70年代强调的经济社会协调发展；三是20世纪80年代提倡的可持续发展；四是20世纪90年代开始提倡的以人为本的发展（李小云等，2007）。实际上，无论采取哪种发展方式，不可否认的是"政府"（包括相对于第三世界的发达资本主义国家）往往成为发展浪潮中积极的推动者和实施者。即便如今，从地方到国家再到国际，我们都能看到由政府发起的各类干预政策或干预项目，如中国的计划生育政策，城乡养老保险政策，农村税收减免、费用补贴政策，以及针对特殊区域开展的扶贫项目、妇女儿童发展项目等。它们被认为在满足居民公共服务需求、保障特殊群体基本利益、加快农村发展、实现经济与社会和谐可持续发展等方面发挥着不可忽视的重要作用。

第二节　关于发展干预研究

有关发展干预的研究，我们能够从发展经济学、发展人类学、发展社会学、发展政治学等分支领域查到大量的研究文献。然而从研究范式上看，由于受到现代化理论、依附理论、世界体系理论以及后现代发展理论影响，发展干预研究实质表现出两种截然不同的研究范式，即宏观结构主义和微观行动主义。

一　宏观研究范式和干预模型

20世纪50年代的发展干预实践与研究，主要受到现代化理论和依附理论这两种宏观结构范式的影响。这两种宏观结构范式虽然呈现出两种截然相反的意识形态，但总体看来它们都是把发展和社会变迁视为从核心权力散发出来、通过国家和国际干预并按照已预设好的"发展阶段"而进行的发展路径（Long，2001）。在这种宏观结构范式指导下，发展干预者将注意力主要放在宏观的规划上，常被称为计划干预，即规划师、政策制定者试图通过规划来实现发展。

与此对应的宏观干预模型通常具有四点特征。（1）线性观。宏观干预模型认为发展和社会变迁是从核心权力散发出来、通过国家和国际干预并按照已预设好的"发展阶段"而进行的发展路径，认为政策、实施与结果之间是一个"计划—实施—产出"的比较机械的关系模式。（2）时空界限观。在政策模型下，为了辨认目标群体，国家机构或实施部门在时间与空间上对项目进行了明显的界限定义，认为不管过去有什么困难、无论不发达模式是怎样确立的，一个干预项目只要有好的计划与目标就可以突破传统模式的地位，进而无论它有什么特殊特征都可促进或开创"发展"。（3）外部决定论。认为干预是"外部"通过物质、信息等资源输入来刺激"内部"发展的活动，因此干预成为一种改造现存社会实践与知识的方式（Long & Ploeg，1989）；外部的输入被评定为是必需品，不可缺少的；其基础意识形态是认为外部事物的注入将提供一个比现存工具更好的解决问题的办法。（4）项目评估的必要性。政策模型暗示了从政策表达到实施再到结果是一种渐进的过程，由此人们可以制定一种评估体制来衡量原定目标已完成了多少，即它专注于"原始目标是否实现"这样的假设问题，这种评估体制在项目整个循环过程中被视为不可缺失的部分。

二 微观研究范式和行动者研究方法

尽管一些重要的社会与结构变迁可能是缘于外界压力（如市场、国家、国际机构等），然而大量的发展干预失败的例子同时也对早期的政策模式提出了质疑。例如，从第二次世界大战到20世纪90年代，国际多边和双边机构对发展中国家发展援助的总额达到3000亿美元，但即使如此，南北在发展上的差异仍然在不断拉大（叶敬忠、王伊欢，2001）。同样在中国，国务院发展研究中心调查表明，中国财政支农资金中 70% 左右用在了行政事业单位而非农业生产本身，农民并未像人们预设的那样受益（刘健等，2004）。在此背景下，越来越多的批判者开始不满足于结构方法与政策模式的观点和解释方法。毕竟所有形式的外部干预必然要进入受其影响的个体和社会群体已然存在的生活世界当中，这也是为什么宏观的结构方法无法解释这些社会异质性的来源和发展动力。因此，我们需要一个更加动态的方式去理解发展干预和社会变迁，强调外部因素和内部因素之间相互影响和共同决策的过程，其核心是人的行动和意识（Long，2001）。这样的研究视角就是与宏观结构方法相对立的"行动者方法"，其重要的一个假设是行动者作为一个部分参与到社会结构的建构当中，从而使社会结构出现不同模式。

行动者研究方法最早在 20 世纪 60 年代末 70 年代初流行于社会学和人类学的研究中，后于 70 年代末 80 年代初应用于发展干预研究领域。发展研究引入行动者研究视野，使人们的注意力从宏观层面的国家规划转向中观和微观的层面。1977 年，社会学家诺曼·龙（Norman Long）出版了《农村发展社会学概论》（*An Introduction to the Sociology of Rural Development*），试图运用行动者和历史结构相结合的方法撰写案例，并鼓励学者就"发展研究到底该走宏观还是微观的道路"问题进行讨论。针对早期行动者方法出现的缺陷（例如，倾向于分析行动者策略的互动特征而忽略了考察个人选择是如何通过更宏观的意义和行为框架来形塑的，甚至采用极端个人主义方法），他在后来出版的《行动者视角的发展社会学》（*Development Sociology：Actor Perspectives*）中进一步指出：不能将行动者方法的"个人关注"等同于"方法论上的个人主义"来看待，行动者方法试图通过理解个体动机、目的与兴趣来研究和解释社会现象，强调行动者与他人合作、冲突并共同建构起社会生活的过程（Long，2001）。他在书中详细探讨了行动者方法在发展社会学中的应用，他称该方法为"以行动者为导向的研究方法"（actor-oriented approach）。在他看来，以行动者为导向的研究方法，其目的不是发现一般或普遍的规律、过程或趋势，而是理解普通人（如农民、工人、企业家、官员以及其他人）是如何积极地形塑发展干预的过程和结果的。

三 微观范式下的发展干预实践研究

在微观视野下，传统的政策模式与政府规划的弊端受到多方挑战，"国家"或"政府"在发展中的角色也随之受到质疑。传统的政策模式下，国家和政府常常是发展干预浪潮中积极的推动者和实施者，尤其对于发展中国家，政府干预已成为国家发展的主要手段之一，政府通过运用政治权力向具有资源的机构分配任务，以实现较快的增长速度（Robertson，1984）。然而，微观范式下的发展干预研究认为，国家的行为是脱离和优越于地方行动者的实践行为的。发展干预的过程是一个充满了行动者之间冲突、斗争的场域，从而导致发展结果的复杂性和不可预料性（Frerks，1995）。源自人们日常生活经验的实践行为，实际上不能够被预先制定，有关发展和社会变迁的研究应当从有关资本积累、政策抉择以及国家转型能力的争辩中走出来（Arce，1995）。总之，微观视角下的发展干预研究，并不支持宏观传统干预这种站在"理性角度"解决问题的方式。甚至还有观点认为以技术为基础的政策实质上隐藏了政治力量和政治统治的目的（Mosse，2005）。例如，阿图罗·埃斯科瓦尔（Arturo Escobar）从发展话语分析角度对当今世界占主导地位的发展话语进行了回溯和质疑，指出"发展"实质是西方现代性的统治性话语。他认为"发展"并不是解决全球发展问题的常识性手段，而是被西方国家发明出来的，其目的是将穷人和第三世界变成其指示和管理的对象（埃斯科瓦尔，2011）。

在微观视角批判下，有研究就干预政策与执行实践的关系进一步指出，传统政策干预实质是"以非实践为导向"的。例如，大卫·摩西（Devid Mosse）通过详细介绍在参与式项目实施过程中地方工作者和地方部落人员之间的互动，分析总结了政策与实践的五种关系。第一，政策最初启动和保持政治支持的功能在于它使得实践合法化，而非以实践为导向。第二，发展干预不是受到政策的驱动，而是受到组织的要求以及维持其关系网络的驱使。第三，发展项目与政策理念和操作体系一同"为自己服务"。也就是说，在很大程度上专家不是指导行动的，而是服从于这些行动，他们为政治关系和组织日程要求的行动提供了权威的解释框架。第四，项目不是因为其自身失败，而是由更广范围的支持和确认系统导致了失败。第五，所谓"成功"和"失败"的项目，是依政策导向的评判标准进行评判的，这种评判标准模糊了项目的真正作用，被宣布失败的项目可能也会存在积极的影响作用（Mosse，2005）。

　　与国外研究相呼应，国内早期的发展干预研究聚焦于参与式发展工具的应用、目标群体的瞄准与纠正、发展干预阶段性评估，以及干预政策或项目的制定与设计路径等，其基本特征仍然是肯定外部（政府）资源、技术、知识、权力之于地方的优越性。进入 21 世纪，国内对传统发展干预模式的批判声音开始出现。叶敬忠等从长期的中德合作造林项目实践中总结出，在众多国际合作项目的实践中出现中方与外方的执行机构或产生摩擦而最终导致项目中止的结果，主要原因在于中外两方对发展项目理解上的差异：国外项目官员及专家对不同专业领域的合作项目都从发展的视角来管理，需要考虑多方面内容，如性别平等、授权和分权化、不同部门之间的合作、能力建设、利用农民的乡土知识、生物多样性和环境保护以及可持续发展等；中方项目执行部门则把合作项目看成是纯粹的部门和专业领域项目。因此，就执行者而言，应当充分理解当代发展的内涵如何在发展项目中应用（叶敬忠等，2000）。王伊欢则在有关地方行动者对"参与式发展干预的谈判过程"研究中，提出了发展干预的"非线性"特征：一方面，项目干预者使用战略性话语和预定的实践计划，说服地方干部与村民通过"参与"方式和项目所定义的概念介入项目之中；另一方面，项目又被地方干部及村民按照自己的兴趣和文化、政治取向所"改铸"，即干预接受者的"反项目活动"，因此，这种干预的动态过程，并非单方面的，而是双向的，或是多向进行的（Wang Yihuan，2003）。之后，王伊欢进一步以河北省易县西山乡综合社区发展项目为例，讨论了产生"非线性"特征的机制：不同角色的价值利益取向决定了各自战略的形成，其互动重塑了干预内容和结果；干预者与被干预者社会权力关系在干预过程中是动态变化的；在干预过程中并不总是经济因素起决定性作用；良好的发展决策并非总是来源于理性的决策制定过程，而是一个逐渐的学习过程；社区固有的社会关系形式特别是领导阶层的行为表现，在很大程度上影响干预过程中群众的态度与行为状态，进而影响干预过程和结果（王伊欢，2005）。

第三节　研究设计

微观发展干预研究给了我们全新的视角去理解微观执行实践与宏观干预之间的联系。干预政策或项目变迁的真实路径及其影响力不可能仅由外部决定，因为社会行动者能够利用信息和策略与当地行动者、外部机构和个人进行互动。因此，从微观的研究范式入手，以行动者的视角探讨发展的相关问题，能够弥补宏观结构方法无法解释社会生活异质性的缺陷，使有关发展干预的研究逐渐从只重视综合的、自上而下的政府规划过渡到重视地方层面上社会和政治的动态变化，注重社会行动者对干预的形塑和重塑过程。正如诺曼·龙指出的，行动者将其自身行为置身于个体能够感知其他行动者的"外部世界"中，同时也成为其他行动者生活世界的一部分；通过互动，行动者之间有意识或无意识地重造或改变着其外部世界（Long，2001）。发展干预过程，不应当忽视来自不同行动者回应与改变外部世界的力量。

鉴于此，本书以社会学的常人方法论和建构论为理论指导，并采取人类学的参与观察等研究与分析方法，通过深入探索和理解地方行动者个人的或共享的生活世界及其基于生活世界的行动决策，来帮助我们从微观视角理解宏观干预活动进入地方的发展变迁过程。

一　理论视角

1. 常人方法论与谈话分析

常人方法关注的核心是人们理解世界的方式，即他们的日常推理（特纳，2006）。以加芬克尔（Harold Garfinkel）为代表的常人方法论者认为，社会学研究应该面向日常生活，分析普通人在日常生活中如何运用常识性知识、程序和技巧来组织他们的实践行动；其研究的基本问题不是传统社会学的那些抽象的社会结构和社会行动问题，而是普通人看待社会的方式、方法，即常人在日常生活中的常识推理实践（common sense reasoning practices）。简而言之，常人方法论就是研究普通人在日常生活中，如何运用常识性知识、程序和思考来解释日常情景并行动的方法，从普通人的日常行动及其看待行动的思考模式出发来考察社会现象。

在常人方法论研究中，加芬克尔提出了几个重要概念，用以解释日常推理实践的特征：（1）日常实践的可说明性（accountability），即日常生活实践是一种可以说明的实践，是可观察的和可报道的实践，或正处在观察和报道实践之中的人们所能利用的实践。正是因为日常实践是可以说明的，所以常人方法论主张社会学应该并且可能从日常生活中找到理论源泉。（2）日常表达的索引性（indexicality），即指日常沟通行动依赖于对意义的共同完成且未经申明的假设和共享知识，也就是说，日常表达方式完全依赖于其具体的情景。（3）日常行动的反身性（reflexivity），常人方法论将日常行动看作一个反身性构建过程，即将一种实际现象当作一种预先假定的基本模式的"证据""说明"或"代表"，一方面这个基本模式是由它的个别证据引申而来的，另一方面这些个别证据反过来又是在对基本模式有所了解的基础上加以解释的（杨善华、谢立中，2006；特纳，2006）。

在加芬克尔之后，常人方法得到不断扩展，其中一个亚领域便是谈话分析。谈话分析研究的焦点在于谈话者形成谈话活动的方法和程序，通过对谈话本身结构与组织过程的分析，揭示"互动得以产生与理解的程序与期望"（特纳，2006）。谈话分析的主要特征在于：第一，谈话分析是经验研究，它关注发生在现实环境中的从事日常活动的人们之间的真实对话；第二，谈话分析将谈话本身作为研究对象，关注话语之间的关系，而非谈话者之间的关系；第三，谈话分析将谈话视为成员的实践活动，强调谈话活动的自我组织过程；第四，谈话分析是自然主义的方法论，尽量完整地保存谈话过程的信息，而不是研究者强加给它的（朱红文、王鲭钧，2008）。孙立平等学者提供"过程—事件"的分析方法以及在这种理论指导下形成的个案分析，均以常人方法论的思路分析当代中国的国家与农民关系的实践形态，揭示出国家与农民之间的关系处于不断的重新建构之中，为我们分析农村问题提供了新的视角。

本书认为，要理解社区农民如何回应发展项目的内在逻辑，就必须关注他们日常生活中各种话语、行为的内在含义。常人方法论为本研究提供了基本的分析框架，即从个体出发，进入农民的日常生活中去观察与理解农民如何通过日常语言、知识来构成各种行为。这有助于研究者理解农民对项目做出不同回应的地方逻辑。

2. 建构论与知识、语言

作为一种不同于传统的认识论和思维方式，建构主义所指涉的是这样一种思想，即人类不是静态地认识、发现外在的客体世界，而是经由认识、发现过程本身，不断构造新的现实世界。建构主义往往通过具体的案例分析回答自己的研究问题。其研究的核心概念是问题的不同定义和宣称活动。传统研究中作为核心概念的客观状况，在建构主义研究中只是作为这种活动的对象而被指涉。建构主义方法论启发我们：社会学研究社会问题时，应当努力研究的是社会问题"现象"是怎样呈现出来的，而不是一味地去考察所谓问题的"真相"是什么。

在建构主义思潮中，关于语言、知识的分析对本研究有一定的启发意义。首先，关于语言，它是植根在特定历史情境之中的人们之间相互交流交往的产物，是社会的构造物，产生并存在于社会关系之中。对于脱离不了语言的关于世界的命题、描述或知识而言，值得重视的不是所谓的"客观性""真理性"，而是它们使生活在特定共同体之中的人们得以相互领会并协调其行动的动能性。也就是说，社会世界和个体是被语言实践不断建构的，语言是建构的积极媒介（波特等，2006）。其次，语言是构成知识的基础。知识可划分为个人主观知识和社会客观知识。个人所具有的主观知识，其本质是他对外在事物进行内化和重新建构；个人的主观知识通过语言、行为、约定、规则等方式发表并使他人接受和认可，从而形成了客观知识。因此，知识产生并存在于特定的社会关系之中。

建构主义为本研究提供了这样一个分析视角：通过语言的社会性说明存在于语言之中的知识（无论是科学理论还是被人们视为理所当然的日常常识）的社会根源和社会功能；通过对地方行动者的知识、行为、语言等方面的关注，来探析地方行动者眼中的发展干预究竟是什么，他们是如何通过自己的语言和行为来对发展项目进行不断解构、内化与重塑，最终形成不同的发展干预结果的。

二 研究方法

本书试图采取系统的民族志参与观察方法，来理解发展项目在地方行动者生活世界中的执行逻辑。即通过民族志的观察、记录与分析来理解和探讨行动者的能动性发挥、权力应用以及多样性社会行动的内涵，帮助发展干预研究者、管理者以及政策制定者洞察和反思地方行动者在日常生活中是如何通过地方知识与回应行为对嵌入其日常生活的发展干预进行认识和建构的。

在西方有关发展干预的研究中，已经有越来越多的学者倾向于通过长期与地方行动者的接触并融入其生活世界来探讨发展变迁过程。例如，为了理解国家干预的实践以及地方人们为了获取土地、服务或者其他合法保护而处理国家权威的实践，彼得·德·弗里斯选择了民族志方法进行观察和研究，发现不同行动者（包括基层官员、制度管理者以及殖民者等）对发展以及国家与村民自治问题具有多样性的理解；通过进一步与相互影响的主体之间建立合作研究网络的方式，他一方面努力让研究对象融入自己的人类学研究中，另一方面试图融入他人的生活世界，这为其研究提供了详细且深入的资料信息（Vries，1992）。阿尔贝托·阿尔克的研究采用同样的方法，详细地探讨了外来农学家和农民、行政官员之间的对立性及其不同生活世界与每日知识的差异性（Arce，1992）。詹姆斯·斯科特在马来西亚的农村度过了两年时间（1978~1980），为其有关农民日常反抗形式的研究积累了大量真实、宝贵的案例（斯科特，2011）。此外，H. 瑟（Han Seur）和格拉明·汤姆斯（Gramming Thomas）还进一步拓展了民族志方法，表现在他们与地方行动者共同对自己的研究结果进行分享和讨论（Seur，1992；Thomas，2002）。

通过参与式观察与互动而产生的共享知识，能够使研究者与地方行动者之间相互影响，并在实践中不断地对相互获得的信息进行修改和更正，从而使研究者从地方行动者的行为和认识角度理解干预实践的地方逻辑。在本研究过程中，笔者自 2006 年 3 月到 2010 年 2 月，作为"以研究为导向的参与式社区发展项目"执行协助者之一，有机会长期频繁地进入社区与村民一起生活和开展项目活动，通过观察、记录、交流和跟踪项目框架下的村民日常生活活动，为本研究积累了丰富的第一手资料。此外，该项目自 1999 年进入社区后，一直有研究团队对项目进行不断的跟踪记录，为本研究提供了难得的基础资料。在进一步的分析过程中，本研究认为可通过以下四种方法来捕捉地方行动者对发展干预的回应逻辑。

1. 界面分析

对发展的研究分析不可避免地要考察复杂的权力过程，以及发生在"外来者"和"地方群体"之间的"界面"（interface）互动。因此，"界面"主要涉及不同行动者之间存在的社会不连续性，即社会行动者在价值、利益、知识以及权力等方面存在的差异性（Long，2001）。这种差异性是社会环境特殊性的表现。在这些社会环境中，不同的行动者之间进行着关于社会实践和认知世界的沟通、认同和斗争（叶敬忠等，2005）。因此，界面分析的一个主要任务是挖掘出这种相互作用机制中的社会利益、文化理解、知识和权力等之间的差异，阐明出现在界面中的社会差异与相关关系的缘起和类型，并展示行动者的目标、感知、价值观、利益以及网络关系是怎样通过这一过程得到巩固或重塑的。当然，研究界面不局限于发现在面对面过程中究竟发生了什么，还强调将社会互动过程放在更宽泛的制度与权力领域中进行讨论（Long，2001）。

采取界面分析，有助于本研究找到在发展干预环境下不同行动者之间的差异或矛盾类型，从而确定不同类型组织和文化形态的特征；界面分析能够帮助本研究理解发展干预的过程如何进入不同个体和相关群体的生活世界，如何成为他们所采取的社会策略的有利资源或限制条件的一部分。此外，本研究通过界面分析，力图展示行动者的目标、感知、价值观、利益以及网络关系是怎样通过个体或群体之间的联系和网络过程得到巩固或重塑的。

2. 策略分析

如果说界面分析关注在价值、利益、认知、知识以及权力等方面存在差异性的行动者之间的"遭遇"状况，那么策略分析则更强调这些存在差异的行动者如何发挥其能动性并运用其权力、社会网络等资源来采取行动并达到自己的"项目目标"。也就是说，策略分析关注处于不同界面的行动者之间的谈判和斗争过程，探索他们寻求策略的空间以及内化外来干预的途径。

对行动的强调旨在分析基于个人和共享的生活世界基础上，个体或组织是如何行动并对外部世界做出回应的。须知，生活世界和行为是相互依赖和影响的，行动总是有意识或无意识地成为个人生活世界的一部分，并因此可能对个人将来的行为产生影响。例如，当行动者试图去获取资源时，他们可以采取直接的行动，并对他人的决定进行预期和回应。值得注意的是，采用策略分析方法来探讨行动者的行为并不是仅仅局限于对行为策略本身的简单讨论，而是将这些微观行为置于宏观结构当中，通过理解个体动机、目的与兴趣来研究和解释发展干预现象。正如诺曼·龙通过分析由于社会利益和社会经历的不同而导致的个体和群体之间经常发生的冲突与合作，目的在于解释农业和社会的变化；詹姆斯·斯科特对农民反抗策略的研究展示了农村贫民内化绿色革命的过程，从而揭示"农民—国家"的矛盾关系。本研究试图通过对项目执行过程中地方行动者的行动策略进行分析，来揭示发展干预结果是如何被地方行动者内化到其日常生活中的。

3. 话语分析

米歇尔·福柯（Michel Foucault）认为，人类社会中所有知识信息之有形或无形的传递，皆为话语（福柯，2012）。在他看来，社会各层面（政治、经济、文化、教育、医疗、商业等）均有其话语的存在，而这些话语组合起来就成为一个缜密的网络，使该社会的所有活动皆受其定义和限制。他还认为，话语的功能不仅在于建立发出话语者和受者之间的密切关系，而且在于讯息传达过程中暗含了权力的施加和承受的意义。福柯关于话语的观点与哈贝马斯相近，即认为话语是一种语言的形式，在这样的一种形式中，语言所传达的意义的可靠性被人们接受下来。目前，多数研究把"话语"纳入语言学范畴，主要有两方面，一是将话语等同于语言，二是将话语等同于文本。如诺曼·龙所定义的：

"话语"（discourse）是有关意义、修辞、表征、图景、叙述、陈述的一组设置，是展示"真实"的物体、人、事件以及它们之间相互关系的一种特殊形式；话语产生出文本（书面和口头的），甚至是隐含在建筑风格或流行服装中的意义，即非文字的"文本"（Long，2001）。而在心理学和阐释学中，话语本指谈话时说话者将其理念或讯息以可以辨认而又组织完整的方式传送给受者的过程，因此，话语泛指人类社会中所有知识信息之有形或无形的传递现象（吉尔兹，2000）。

话语分析（discourse analysis）从社会文化角度讲，是从分析语言结构和文化结构入手，通过文化背景来研究社会实践、符号程序的互动，以及诸如权力和意识形态的关系（吉尔兹，2000）。话语分析方法最大的优势在于能够将心理学的关注与社会分析结合起来（波特等，2006）。在发展干预研究中，对具体的竞争舞台上各社会行动者使用的话语进行分析是非常重要的。因为行动者做出决策或与其他行动者进行社会定位的时候，会或明或暗地使用"话语方法"以指定目标，追逐利益和实现需求，并为行动提出意见和合理化建议（吉登斯，1998）。当这些话语有了种种行动取向时，话语的主体就成为"行动者"。

本研究对话语的分析主要从社会文化的角度入手，关注的是地方行动者视角的发展话语。即外部干预话语进入地方社区后，地方行动者能够通过自身认识与能动性发挥将其转化为具有地方特色的话语表达形式。对地方行动者处理和加工外来干预知识与信息过程进行分析，可以帮助我们理解地方行动者是如何对发展干预这一事件进行理解和建构的。因为话语能够通过提供关于"现实"的表征构成我们对生活体验的理解，并形塑或组成我们生活世界中那些有着重要或本质意义的物体、人和事件（Long，2001）。

4. 谈话分析

谈话分析（conversation analysis）是话语分析的一种形式。它是一个更加关注用"语言"与"语境"来研究社会现象与问题的方法，主要研究人们的谈话，关注的是不同的谈话者在谈话中扮演的不同角色是如何组合在一起的，以及指责、问候、辩解等各种不同的行为得以引起并被加以应用的方式（波特等，2006）。

谈话分析作为一种研究方法，其旨趣在于主张关于社会的了解以及关于社会秩序、规则和制度的研究应该着眼于人们的日常实际生活。它反对用外在的臆测和理论模式来推演所谓的社会规律和对未来社会的预见。因为谈话活动是人们日常活动的重要组成部分，是人们日常活动的桥梁和媒介，也是社会制度和社会规范得以产生的重要途径和方法（朱红文等，2008）。人们在谈话过程中可以通过谈话来确认彼此身份、地位、职业、权力等社会结构要素，同时社会结构特征也会影响互动谈话参与者的谈话结构。因此，谈话分析研究的互动谈话提供了理解社会互动和社会结构的基本框架。

除了以上因素外，本研究采用谈话分析方法还有这样的考虑，即首先，人们可以利用语言在与他人互动时实现特定的目的，因此只有深入的谈话分析才能揭示出说话人是怎样运用一定的策略和技巧来与他人交流并最终达到自己的目的；其次，谈话具有一定的规律，谈话双方或多方在特定环境中进行交谈时需要遵循一定的规则，这种规则源自地方特定的文化，因此谈话分析可以帮助我们洞察到隐藏在话语背后的地方文化与规则。

第四节　相关概念

地方行动者（Local Actors）　　行动者，是指具备能动性（agency）的社会实体。他们能够产生知识、辨别困境并形成恰当的决策和行动。行动者可以是个人，也可以是非正式群体、团体与组织等（Long，2001）。本研究所指的"地方行动者"是指直接接受发展干预的主体——农民。具体到实践中，农村发展项目在运作过程中总是与社区的政治权力关系和结构相结合。作为正式权力核心的村委会和村支部，从组织农民到项目活动的具体落实等一系列过程中，都起着重要的协调作用。因此，为了理解不同地方行动者的行为特征，本研究进一步将"农民"划分为"村干部"和普通"村民"两个群体。

回应（Response）　　回应本义是指个体对某一事件或事物的反应、

回答、响应或应付的过程，强调的是一种"反馈"。本研究所指的"回应"既包括地方行动者（包括村干部和村民）在行为、语言以及心理等方面对发展项目表现出的直接反应、回答或响应的方式，也包括农民通过与他人的交往与互动等过程间接地对项目所做出的反应或响应。也就是说，地方行动者围绕发展干预事件，独立地或通过互动与他人共同完成的直接或间接、言语或行为的反应与响应方式。通过对地方行动者的回应行为进行分析，本研究试图从地方行动者的视角揭示干预项目被解构和重塑的过程。

能动性（Agency） 行动者在日常生活中面临信息不足、不确定性和其他限制因素（如身体状况的、规范的、政治经济上的因素）时，拥有"获取知识"和"采取行动"的能力。这种能力被安东尼·吉登斯称为"能动性"（吉登斯，1998）。一个行动者的能动性往往不是自身的品质和能力，而是通过互动被赋予的，即行动者通过建立起临时的社会关系而获取支持，从而获得能动性；随着社会网络的扩大以及从中获得支持力度的增加，能动性也越强。因此，能动性本身也是一个不断积累和变化的过程。此外，能动性也不能简单地被视为有强势说服力或个人魅力的结果，而是由文化的、社会的、物质性的因素混合而成；能动性呈现在社会关系中并通过社会关系发挥作用（Long，2001）。在发展干预实践中，地方行动者的能动性表现为他们认识、学习、加工和处理外来干预理念的能力，以及在面临各种问题或困境时通过调动各种资源以采取相应行动策略的能力。

策略（Strategy） 策略是为了解决某一件事而做出的有针对性、有组织、有步骤的办法。它是一种解决方案，是针对具体的某一件事而做出的详细的行动计划。这里需要区分策略与决策和战略的差异：策划与谋略出这种解决方案的过程叫决策；而战略更多的是一种方向指导。战略一旦确定，就需要决策出具体的策略，并将之付诸实践，即执行策略。因此，策略是战略与具体执行之间的必不可少的环节。一般而言，在固定的战略方向下，策略会时常进行调整或改变。本研究对行动者策略的研究，旨在说明行动者如何发挥其能动性，用以应对变化的环境和外来的干预事件。

解构、建构/重塑 （Deconstruction，Reconstruction/Reshape）

"解构"着重于对文本或事件的阅读、剖析和理解。与"解构"相对的是"建构/重塑"，它源于建筑学的词语，原指建筑起一种构造。在社会科学的使用上，"建构/重塑"是指在已有的文本上，建筑起一个分析、阅读系统，使人们可以运用一个解析的脉络，去拆解那些文本背后的因由和意识形态。"建构/重塑"着重于系统的建立。本研究认为，发展干预进入社区的过程实质就是地方行动者解构和重塑发展干预的过程。行动者根据地方文化与知识来认识和理解干预事件——解构过程。这种理解与认识构成了他们回应行为的基础，他们通过与他人的行为互动进而共同建构和重塑了干预结果。

第五节　社区概况与项目背景

一　项目社区概况

杨乡位于河北省青林县的西部，距离青林县城 65 公里，属于山区地形，西高东低。该乡属大陆季风气候，年降雨量平均在 500 毫米，平均气温 11.5℃，其中冬季温度在零度以下，夏季则炎热干旱。全乡总面积 72.6 平方公里，共辖 9 个行政村和 54 个村民小组。

2000 年 EED 干预项目进入前，全乡共有 1561 户，5857 人，其中劳动力有 2861 人。年人均纯收入接近 1000 元，收入来源主要是农业生产和外出务工。该乡 70% 的土地是山地，共计 83695 亩；10% 为可耕地，共计 5615 亩，主要的农业种植品种为小麦（30%）、玉米（50%）、红薯和花生以及小米（20%）；其余 20% 是河滩、公路和居住地。全乡的作物灌溉主要靠一条流经该乡的季节性河流——漕河。杨乡没有集体企业，只有一些私人企业；全乡有 1 个中学，1 个医院和 2 个定期的集市；每个村都有小学。2006 年笔者进入项目村时，杨乡较之 6 年前在生产、生活等方面有了显著变化。首先，人均纯收入达到 1300 元左右，主要收入来源为务工（包括村内和村外）及农业生产。其次，由于天气干旱等原因，小麦播种面积减少，主要农业种植品种为玉米、红薯、花生等。再次，基于丰富的矿产资源，该乡矿山逐年被开发建成多个选矿厂、铁粉加工厂等，解决了该乡10%的劳动力就业问题。

本书所涉及的项目村为杨乡的4个村庄——李村、杜村、柳村和宋村，均位于漕河岸边、大山脚下。其中，柳村、杜村和李村由乡级公路彼此相连；宋村位于省级公路旁边，交通条件相对较好。如图1-1所示，A、B、C、D、E分别代表杨乡乡政府、宋村、柳村、杜村和李村。

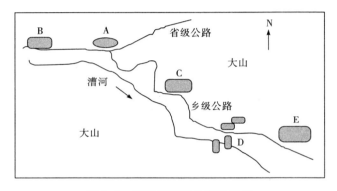

图1-1　项目村手绘地理示意图

4个项目村总计人口3200人，其中以李村人口最多，有1200多人，其他村人口为600~800人。相比较而言，杜村村民居住较分散，有4个聚集点，分别位于村南和村北，村北最远的小队距离村中心约有3.5公里；柳村是4个村中村民居住较集中的村落，且东西方向狭长、南北方向距离相对较短。

4个村庄种植与养殖业结构非常相似，即耕地较少，林果业和养殖业相对发达。玉米、小麦、红薯和花生是其主要农产品；农户主要养殖的牲畜和家禽品种有猪、羊、兔子和柴鸡；林果业以柿子、板栗、核桃、李子、红果等为主；山场主要种植刺槐、松树和柏树。相比较而言，李村林果业较发达，其人均收入水平因此略高于其他3个村。村民的收入主要来源于务工，外出务工以青壮年为主，务工地点有石家庄、北京、内蒙古和广州等地，务工类型以建筑业和服务业为主，也有少部分从事服装等生意。此外，4 个村庄矿产资源丰富，蕴藏有丰富的铁矿、重钙、大理石和蛭石等。其中，杜村和宋村矿产资源相对丰富，村内各有 3～4 家选矿厂，柳村和李村各有 1 家。这也为农村家庭经济增收创造了机会，不少中年劳动力选择在本村矿上打工，如拉运矿石、看管矿石或者参加矿石加工生产流程等。

以杜村为例。2006 年，杜村全村 200 户，总人口 810 人，其中女性村民 400 人，占总数的 49.4%，男性村民 410 人，占总数的 50.6%。人均纯收入为 1000 元/年，其中 10% 的人口人均纯收入在 1500 元/年以上，10% 的人口人均纯收入在 300 元/年以下。杜村可耕地面积 773 亩，其中水浇地面积为 400 亩，主要耕种玉米（80%）、红薯（10%）、花生、棉花及一些杂粮。除了耕地外，杜村还有 5000 亩山场，主要种有刺槐、松树和柏树等树种。这些山场脚下一般还种有杏、桃、李子及枣树等果树。漕河自西向东横跨杜村，将该村分为村北和村南两大区域。其中村北分"北沟"和"主村"两个小区域，分别由 1 队和 2、3 队组成（人口分别为 160 人和 280 人左右）；村南分"南庄"和"南沟"两个小区域，分别由 4、5 队和 6 队组成（分别拥有约 230 人和 120 人）。杜村村委会设在"主村"，靠近乡级公路。沿着漕河，该村建起了 3 家大小不一的铁矿厂，为村里 80 多名村民提供了就业机会，但同时也给村庄水资源利用带来了消极影响——大量河水被用于生产，造成农业用水困难，并且污水排放严重。此外，村内还设有 1 所小学①，一至二年级共 40 名学生，2 名教师。

4 个项目村的村级财务来源主要有县级转移支付②、村里的荒山和荒滩承包收入、河套采砂权费用以及矿山企业管理费用；村级财务支出主要有村干部工资③、报刊费、招待费、公共事业投入以及乡级扣除的其他费用等。自 2007 年开始，包括项目村在内的所有杨乡村庄财务实

---

① 2008 年实行撤村并校后，该小学逐渐转变为幼儿园、村委会和村卫生院"三体合一"的公共场所。
② 村级转移支付资金标准一般根据各村农业人口数量来定，数额为 1.5 万～2 万元。
③ 自 2009 年起，村干部工资直接拨发至其银行工资卡上，其中主任和书记为 510 元/月，其他村干部为 259 元/月。

行村财乡管，并采用报账制进行管理，即村主任、村支书两人对报账材料进行签字和加盖村委会的公章后，由乡书记签字后方可在乡财务处支取现金。

一般情况下，村级从上级获得的转移支付费用主要用于村干部工资以及各类杂费开支，村内各种公共事业费用则主要来源于村内各类集体资源（如荒山、河套）承包费用、企业管理费，以及村干部凭借个人关系网络从上级"跑"来的各项扶贫款等。虽然实行村财乡管之后，村级财务被要求通过村民代表会议通告或村务栏公开等形式向村民公开，但村干部通常只将村集体资源的承包费①和上级转移支付的收入进行公开，而对于一些隐性收入，如企业"捐赠"、外来项目资助等，则不向村民公开。财务支出方面，其公开的内容也主要集中于村干部的工资。尽管乡镇每年两次检查村级财务，但对于改善村级财务公开状况并没有实质性帮助，有关上级拨来的物资、救济款等情况，村民无从知晓。

二　项目介绍

自 1999 年以来，由德国 EED 慈善基金会支持、中国农业大学人文与发展学院承办的"以研究为导向的参与式社区发展项目"（简称"EED 项目"）在河北杨乡的 4 个行政村（宋村、柳村、杜村和李村）开展，涉及人口约 3200 人，项目的地方合作伙伴是杨乡人民政府，具体实施者为中国农业大学人发学院师生、杨乡 4 个村的村干部及村民。

按照项目设计，"以研究为导向的参与式社区发展项目"的总体目标为：通过促进当地人参与社区资源使用、规划和管理过程，提高当地人的生活、生产水平，项目社区得到可持续性的发展。具体目标主要有：运用参与式理念运作项目，促进当地人参与项目的计划和决策过程；改善水资源利用的条件；提高农民自我组织的能力；加强妇女的社会和经济地位；提高农业生产能力，提高农民的创新能力；运

---

① 也有的村庄，其土地（如机动地和耕地）承包费直接落到以组为单位的小队层次上，一般不向村集体上交。

用农民的乡土知识；推广适宜的技术；通过改善道路条件、建立水果市场等，提高当地的市场销售能力；改善学校设施；提高农民收入；提供社区减贫的成功案例；提供农村发展"自下而上"方法和途径的实践经验；进行社区发展研究；为大学生参与农村发展实践提供基地；等等。

该项目以参与式发展理念为指导，强调发展的主体应该是人的发展，关注弱势群体（如妇女和穷人）利益表达的机会，同时强调社区的内源式发展，即把区域的经济结构建立在当地人的技术、资源条件和文化传统之上；在规划与实施阶段强调与地方实际情况的相适性，强调地方民众的参与、满足其基本需求。参与式发展的目的是达成社会发展的公正、公平以及目标群体受益（李小云，2005）。在参与式发展理念指导下，EED 项目强调在干预实践过程中，要以农村社区资源为基础、以问题为导向、由社区人口广泛参与，强调干预实践过程是一个持续不断的发展决策与行动过程。这里应当注意狭义和广义的"参与"概念的区分。狭义的参与多指地方行动者参加了项目的体力劳动，广义的参与则包括在决策及选择过程中的介入、贡献与努力、承诺与能力、动力与责任、乡土知识与创新、对资源的利用与控制、能力建设、利益分享、自我组织及自立等方面更广泛的内涵。本研究的"参与式"指广义上的参与，要求村民参与到发展项目的全部循环过程中，通过利益相关群体不断地分析问题、利用地方资源确定发展目标和发展活动，并在实施发展活动过程中通过监测和评估界定新的问题、目标和活动。鉴于此，外来干预者需要与地方行动者共同针对项目设计、活动内容以及执行方式等进行协商和讨论，并共同对执行过程进行监测和评估。

到 2010 年为止，EED 项目在项目区已执行三个周期。第一项目执行期为 2000 年 11 月至 2002 年 10 月，第二项目执行期为 2004 年 7 月至 2007 年 6 月，第三项目执行期为 2008 年 3 月至 2011 年 2 月。项目内容包括能力建设、基础设施建设与管理、周转金的运用和研究等内容（具体内容见表 1-1、表 1-2 及表 1-3）。

表 1-1　第一期杨乡参与式社区发展项目内容（2000~2002 年）

第一期项目内容	能力建设	在每个村建立一个图书室 农民培训：村民代表村内培训和外出参观
	水资源建设与管理	柳村灌溉截潜流工程以及饮用水井建设 杜村饮用水井与水塔建设 宋村水塔及水井建设 李村灌溉水塔与管道设施建设
	周转金	4 个项目村针对贫困农户提供小额生产项目启动基金

表 1-2　第二期杨乡参与式社区发展项目内容（2004~2007 年）

第二期项目内容	能力建设	技术培训	4 个项目村及乡政府的电脑、互联网、打印机等的接入 农户培训（电脑、家庭养殖与种植培训） 外出考察（包括村民与村干部）
		妇女协会	周转金的管理与监督 文艺活动（扭秧歌、看电影等） 妇女培训（家庭养殖与种植）
	基础设施建设	水资源利用和管理	宋村饮用水管道的防寒保暖工程以及灌溉水井建设 杜村灌溉水井与管道设施建设 李村饮用水建设
		道路建设	宋村道路建设 非项目村道路建设
		文化广场建设	李村市场/文化广场建设 柳村教学基地/文化广场建设
	周转金		生产性小额周转金（简称周转金），分别在柳村、杜村进行 生活性小额周转金（简称生活信贷），仅在柳村启动

表 1-3　第三期参与式社区发展项目内容（2008～2011 年）

第三期项目内容	能力建设	技术培训	4 个项目村及乡政府的电脑培训 农户培训（电脑、家庭养殖与种植培训） 外出考察（包括村民与村干部）
		农民协会	周转金管理协会 文艺队伍（扭秧歌、看电影等） 妇女培训（家庭养殖与种植培训）
	基础设施建设	文化广场建设	宋村文化广场建设 杜村文化广场建设
		道路建设	柳村、杜村以及宋村三个村的道路建设
		水资源利用和管理	杜村灌溉/饮用两用水井建设 李村水利灌溉
		垃圾处理	4 个项目村垃圾池建设
	周转金		主要为生产性小额周转金，在柳村和杜村两个村进行

1. 能力建设

妇女协会　妇女协会的组织原则为"自愿、民主、透明"，关注性别平等，注重妇女的自身能力建设。其下设会长、协会委员、生活信贷与周转金管理小组、生活信贷与周转金监督小组、秧歌队等组织，强调社区妇女的广泛参与和决策。

妇女协会是一个融经济、文化和服务性于一体的综合性妇女组织。在经济方面，它以周转金和生活信贷项目为基础，为农民提供资金方面的便利和支持。文化方面，它依托社区悠久的传统文化艺术（戏曲文化），组织起了老年秧歌队和青年舞蹈队，并定期开展电影和科教片欣赏、文艺比赛等活动。更重要的是，妇女协会还是一个服务性组织。它根据协会成员在周转金使用过程中存在的问题和技术方面的需求，不定期地邀请不同专家对农户进行种植、养殖和林果管护等方面的技术培训；协会成员根据村民在周转金使用过程中发现的问题、获得的市场信息等，定期进行信息的分享和经验的交流。妇女协会通过这个过程中彼此之间的互相学习、互相帮助，提高协会成员的归属感和责任感，也帮助协会成员解决一些实际问题、创造发展机会。

计算机　"信息"对当地农村社区的发展起着重要的作用。在项目社区，农户的信息获得途径主要为卫星电视、会议传达、坐街、报纸和书籍等。该项目将电脑和互联网引入项目社区，对上述传统信息传播方式进行补充。通过项目的实施，逐渐建立由若干名村民（电脑管理员）为该村全部村民提供互联网上的有用信息的机制，并在村内普及电脑和互联网知识和技能。

图书与图书室　该项目定期为村民提供养殖与种植方面的专业书籍，帮助农户提高和丰富其种养殖技术与知识；定期为妇女、儿童订阅相关领域书籍与杂志，拓展其视野，使其提高自身综合能力。在第一期项目中，各村的图书室地点或是在小学校里找出一间空房，或是在村委会办公地点的某一个角落。第二期项目实施过程中，项目工作小组与村民进行讨论后，确认了在村民家中建立图书点的新项目方案，以方便更多村民阅读。

参观与培训　根据村民的技术需求，该项目不定期邀请相关领域农业专家对协会成员进行培训，以提高农民在种植、养殖和经营方面的能力。培训的主要内容集中在牛、猪、兔、鸡的养殖以及果树栽培、蘑菇栽培等方面。

外出考察也是能力建设的一项重要内容。组织外出考察的对象包括乡镇领导、村干部和村民。项目工作小组在进行培训需求评估后，与乡镇相关干部协商后确定每年的外出考察项目，由乡政府负责项目的干部进行预算，经项目执行机构批准安排。在项目支持下，乡镇领导、村干部和村民代表外出参观了北京的相关机构和河北省其他蔬菜生产、种植业和养殖业比较发达的地区。

2. 基础设施建设

基础设施建设项目包括水资源利用项目（饮用水项目和灌溉用水项目）、道路建设、学校建设、文化广场建设和市场建设。通过改善项目社区的饮用水条件、灌溉用水条件，促进农业生产，从而提高农业产量和收入；通过改善道路和市场条件，提高项目社区的市场营销能力，从而提高农民收入；通过改善村学校的基础条件，提高学校教育的质量；通过文化广场建设，丰富社区村民的文化娱乐生活。更重要的是通过动员村民积极参与当地水资源、山场资源的利用和管理，提高项目社区农户自我组织和自我管理的能力。

3. 周转金项目

周转金不以营利为目的，最终目的是使村民合理、有效地使用周转金，提高收入、发展生产。周转金的收放及管理，主要由以妇女为主构成的周转金管理委员会负责主持和完成。该项目希望在这个过程中，提高妇女的创新能力、组织能力和发展能力，最终实现成员的自身能力建设。此外，根据不同的目标群体和项目宗旨，周转金项目在执行过程中逐渐分化为两种形式，一个是生产性小额周转金（简称周转金），另一个是生活性小额周转金（也称生活信贷）。

生产性小额周转金　生产性小额周转金，主要是为贫困但具发展潜力的农户提供小额资金用于家庭生产经营，其目标群体以家庭妇女为主，特殊情况下也包括单身男性。周转金的管理与运转建立在自愿、民主、透明的基础之上。妇女们通过选举的方式选出妇女协会的管理人员组成管理委员会。委员会包含主席、副主席和三个附属机构（周转金管理小组、监督小组和审查小组）。主席与副主席主要负责组织成员进行定期的活动，总体负责周转金的发放、管理与回收；三个附属机构成员配合主席与副主席进行人员组织及对周转金发放、管理和使用过程的监督。生产性小额周转金的使用期限为 1 年。1 年过后，接受周转金的农户需将本金还回，还回的资金可以继续发放给其他农户使用，这样在社区中不断循环周转，不断扩大受益面积。在周转金使用过程中，项目还会根据农户的需求为其提供一定的技术支持，如各类养殖和种植培训等以降低周转金使用风险。自 2001 年，生产性小额周转金共运转了 7 年，发放了 7 轮次。从社区看，该项目主要集中在两个村进行，每期农户平均周转金额为 1000～2000 元，每个社区的受益农户每年基本维持在 20～30 户。

生活性小额周转金　生活性小额周转金也称生活信贷，与前期执行的生产性小额周转金有较大区别。后者主要为中等或中等以下的农户提供生产发展、经营活动的启动资金，而前者的目的在于帮助村民解决日常生活中出现的小额资金短缺问题。此外，农户使用周转金时并不需要缴纳利息，而是缴纳少量的管理费以维持妇女协会的正常运转。生产性小额周转金与生活性小额周转金均以妇女为目标群体。一方面以妇女协会为载体来鼓励社区妇女对资金进行管理和监督，另一方面要求只有社区妇女才能够申请这笔资金。因此，周转金项目在力图促进农户生产和提高其收入的同时，也试图提高妇女的地位与能力。

第二章 基于地方知识的界面互动

第一节 社区之初印象

2006 年 3 月初，笔者第一次来到研究社区。当时的华北大地还寒意料峭，但初春的朝气已经开始为人们所察觉，冻了一冬的土地也开始慢慢解冻了。这时，村里总会传来一阵阵清脆的铁锹撞击声，那是人们正忙着将自家猪圈里的粪便与土壤搅拌加工成粪肥，为新一年的耕种做好准备。因为冬意尚未退却，大多数村民的活动仅限于室内；偶尔能看到村民推着小车穿梭于大街小巷的身影——他们正将粪肥运往村外的地里。这个时候，村里那些在外务工的青壮年劳动力已经踏上了返城的路程，中年劳动力则留在家里等待村里矿厂的开工。由于矿厂还没开始营运，乡间公路上也就少了许多来回运输矿石的车辆，村庄也因此显得更加宁静。不过这一年的初春，由于我们项目团队的到来，村庄显得格外热闹。

对于村民来说，这已经不是第一次接触项目组成员了。在他们眼里，我们是早已熟悉的"农大的大学生"（"大学生"用当地的发音称之为"da xiao sheng"）。不过每一年都会有一些旧面孔被新的面孔所取代，于是当见到笔者这样的"新人"后，他们总会亲切地询问起我们的名字、家是哪里的、以前的某某为什么这次没有来村里、他们现在做什么工作；接着，又习惯性地问起我们这次的到来给村里带来了哪些项目、现在住在村里的谁家、总共来了几个人等等。与村民的第一次接触，让笔者感觉很轻松。他们没有把笔者当作陌生人看待，甚至隔着远远的距离主动地和笔者打招呼，笑容满面地问道："来啦?"

进入 4 月，气温明显回升。大街小巷里也多了许多喧闹的嬉笑声和忙碌的背影；村里的矿厂开工了，轰隆隆的机器转动声给村里增添了不少繁荣与活跃的气氛。村里的生活节奏是缓慢的，但即使这样，人们总是习惯性地起个大早。吃过早饭，妇女和老人就早早地聚在巷子里"坐街"。晒太阳、聊天、纳鞋垫、看孩子等，是村民"坐街"的主要内容。在柳村，有五六个这样的"坐街"据点，位于农户家门口或是村内露天空地里。除了打发时间外，"坐街"更成为人们散布消息的主要渠道。这家夫妻争吵了、那家父子反目了、别的村又有人打架了、农大又带来了什么项目，诸如此类，被"坐街"的人们描述得绘声绘色。如果说"坐街"是妇女或老人蜚短流长的天地的话，那么"矿厂"则是男人谈天说地的空间。柳村有很多青壮年劳动力在村主任的矿上打工。他们下班回来从邻居、妻子那里了解到的信息，第二天便成为他们在矿厂里谈论的笑料。我们不止一次地从矿上打工回来的房东处听到矿上工人对我们项目的议论，并且还有人通过他向我们传来相关意见。当然，我们这些外来者在村里的一举一动，也是人们谈论的热点。当我们从"坐街"的人群中穿梭而过时，耳后往往传来这样的议论："这个小丫头是广西的""这个穿黄衣服的以前没来过""她们三个住在王洪昌^①家"……不知不觉中，我们也成了村民津津乐道的一个话题。

相比较而言，EED 项目援助、村委换届、村委财政等村庄政治事务并不是村民密切关注的话题。他们更专注那些与其生活密切相连且平凡的生活琐事，如东边邻居娶媳妇，该送多少礼；西边邻居婆媳关系不和，谁对谁错；去集市赶集碰到熟人，问问价格是否稳定；每月交电费时，比比谁家开支多；村里矿厂开工之际，四处打听是否有工作的机会；闲下来聚到一起打牌、"坐街"时，顺便问问最近做什么能挣钱；甚至"坐街"时遇到路过的妇女，有关"她家男人是做么的"的话题立即成为背后讨论的焦点；等等。当然，村民对生活琐事的关注并不代表对村级事务的冷漠。新一任书记由谁当选、国家又颁布了哪些惠农政策、EED 项目今年引来了新项目等，村民心里都有数，只是较少讨论。

---

① 本书人名、地名均为化名。

不过相比较而言，国家大事、政策制度、新闻趣事是男人热爱的话题，生儿育女、走街串户、家庭琐事则是妇女热衷的事务。

村民的文化娱乐与闲暇生活非常单调。2006年初，项目村还没有路灯，也没有任何文化活动和供娱乐的场所，人们一般在7~8点吃过晚饭后（夏天稍晚些）就不再出门了。白天除了干农活外，"坐街"、打扑克、看电视、赶集成为村民主要的消遣方式。社区传统的戏曲活动早已退出人们的日常生活。村里唯一的公共娱乐场所——戏台，也因为长年失修而无法再利用。然而，老年人还时常回忆起以前有戏看的日子，感慨地说道："现在年轻人们已经不爱好这个了，唱不起来了。"不过每到正月里，村里总会组织各类文艺活动，甚至村与村之间还相互交流、演出，一些传统的文化节目（如河北梆子、耍龙灯、踩高跷等）也因此得到传承。

社区内每日面对面交流的熟人社会，形成了地方独有的一套"记忆"文化，而这给我们外来工作者带来了一定困难。每当我们拿着村干部给的妇女名单询问村民相关信息时，村民往往不知所指，却反问谁叫这个名字。原来，妇女身份证上的名字除了办理诸如结婚、生育、土地等相关手续外，在社区便派不上用场了。村民记忆妇女的身份往往通过两种形式，一是直呼其小名（这类多为在本村长大的妇女），二是称"某某（男性村民）的媳妇"（这类多为外村嫁进来的妇女）。因此，当询问这些名单上的妇女时，村民往往先要讨论一番，将这些妇女的名字转化成他们熟悉的称呼后方能进入正题。甚至在确定了妇女真名和小名的关系后，在场的部分村民不禁感慨说："原来她叫这个名啊！"同样，在这次名单上出现"梁桂玲"的名字而下一次名单出现"梁贵铃"时，我们往往还以为是两个不同的人，结果引来村民一阵笑声。

与村民聊起项目组多年来在这里实施的活动时，他们常常感叹地说："农大为俺们村办了不少好事，忒好。"其中最值得一提的就是水利项目（包括灌溉和饮水）。据村民回忆，2000年之前村里吃水还很困难，妇女每天至少需要花两个小时挑水，遇到干旱季节甚至没有水喝；地里因为干旱，只能种一些耐旱的农作物，如红薯、玉米、花生及豆类等杂粮，不过"自从农大来了，俺们的吃水就不是大问题了"。2000年末至 2002 年末，基于前期的农户需求调查，项目组分别在 4 个项目村进行了截潜流工程和水塔修建工作，在很大程度上解决了村民的饮水和灌溉问题。此后，周转金项目、图书室建设、农民培训、道路建设、市场建设、文化广场建设以及水利续建工程等也陆续开展起来。不过这些项目活动在村民的话语里，很少被用"EED 项目""能力建设""基础设施建设""妇女协会"等词语来形容，取而代之的是"农大项目""小贷款""打井""扭秧歌""放电影""买健身器材"等话语。在村民的意识里，"农大"是社区的"贵人"，他们很少提及真正为这些项目出资的德国人（德方有关负责人每年只到村里一次），也有很多村民并不清楚这些外国人究竟来自德国还是美国，于是统称为"老外"；甚至有的村民认为这是本国政府支持的项目，认为我们项目组是"受高等教育部门委托"。当然，村干部是很明白"EED 项目"和"德国人"的，只是同样很少用在日常谈话中。

在与村民的长期接触中，我们也入乡随俗地开始使用他们的话语进行交流。"忒好""俺们""大学（xiao）生"等就是我们习来的生活用语；"能力建设""农民参与"等项目执行话语也逐渐转化为地方通俗易懂的活动名称，如"电脑""杂志""扭秧歌"等。同样，村民也潜移默化地在学习我们的语言。曾经有位村干部这样说道："以前村里人见面打招呼，不说'你好''谢谢''再见'什么的，现在受你们影响，已经慢慢开始说起来了。"从双方的不同生活话语以及对发展话语的不同理解可以看到，发展项目的实施过程不是简单地将项目计划付诸实践，它还包含了双方行动者之间的文化与知识的融入过程。在后来不断地与村民的接触中，笔者深刻体会到地方知识对于项目顺利执行所具有的重要意义。

第二节　关于食宿的故事

项目组每次去村里都吃住在村民家里，一方面有助于我们及时了解村民对项目的意见与看法，拉近项目组成员与村民之间的距离；另一方面可以通过这些方式了解、进入村民真实的生活世界。实践证明，这种与村民同吃同住的方式，对我们项目组成员以及干预项目融入社区、融入村民的生活、被地方行动者接受和理解来说，都是一种非常有效的方法。

在入住农户家的具体实施上，我们也有自己的考虑和安排。在每次到达村里之前，我们会先跟村书记联系，请他帮助选定可以住宿的农户；此外，项目还按照每人每天 30～35 元的标准向提供住宿的农户支付食宿费；而且如果可能，我们希望尽量集中居住在一户农户家，这样有利于开展工作上的讨论。尽管我们主观上对村里的任何农户都无偏见，但实际上这些安排使得村里的一些农户因为没有提供这种帮助的能力（如住房面积小、人手不够、条件太差等），从而失去了赚取食宿费的"机会"。事实上在当地，食物大部分来源于农户自家的农业生产，而大部分家庭收入主要来源于外出务工或周边厂矿劳动收入。在这种情况下，我们提供的食宿费用对于他们来说，其实是一笔不费丝毫精力就能赚取的可观收入。但令我们意外的是，我们原本基于工作方便原则考虑的住宿安排，在村庄社会里却引发了一串不大不小的故事和矛盾。这不得不使笔者去关注隐藏在这些背后的"社区含义"。

一　经济效益与利益矛盾

通过一些偶然的机会，我们发现，围绕着对我们的住宿安排，一些农户之间存在着经济利益方面的竞争，而且这些竞争并不是来源于完全不能获得这种"机会"的穷人，而是产生于有能力提供住宿的普通农户与村干部之间。有一次，笔者作为项目人员先行到达村里，住在蔡桂云家。在另外几位项目人员到达的前一天晚上，蔡桂云向笔者确认了第二天还有项目人员抵达并且需要安排住宿。她于是说要去村书记家问问，让村书记把新到的人也安排在自己家住。出门的时候，笔者分明看见她"悄悄地"带了一瓶酒。尽管笔者不能确认她完全是因为这件事，但也未必丝毫无关系。在后来的一次住宿中，笔者住进了另一位农户家。吃饭时，新房东以看似不经意的话语询问起笔者在老房东家的"待遇"：每顿都吃的什么菜；甚至有一次在谈到老房东家的收入时，新房东告诉笔者说那段时间我们的食宿费就是蔡桂云家当年的一大笔收入，并且

"她（蔡桂云）赚了很多"。

除了这些直白的表述外，有的农户还会以不支持我们工作的实际行为表示他们的不满。有一次，我们在柳村妇女主任家召集村民讨论周转金项目的问题，因为参会人员数量没有达到预期，希望再召集一些村民。此时，正好一位我们曾经入住过她家的阿姨路过。我们兴高采烈地邀请她加入，不料却被她用尴尬且不愉快的表情拒绝了。事后我们才隐约了解到，她是对我们多次去村里没有入住她家表示不满。

经历了这些之后，我们才蓦然发现：每次与村民闲聊时，总会被问到住在谁家、来了多少人、住多久等问题；离开房东家的时候，他们也总是非常热情地邀请我们下次来时再住在他家，并且让我们把盆、拖鞋等不带走的生活用品放在他家。这些最初在我们看来似乎有些琐碎的客套话，其实背后都有对经济利益的考虑。这使我们不免感慨，比食宿问题还要复杂的项目活动又将会遭遇他们怎样的诠释和应对呢？而这又岂能是我们这些外来者轻易"超然物外"的？

二　基于权力与人际关系的食宿选择

事实上，我们的食宿安排除了容易引致经济利益矛盾之外，还暗含了社区内部根深蒂固、错综复杂的权力运作与人际关系逻辑。首先，能够提供住宿的农户依赖于村干部的权威，并按照亲缘或人缘关系进行优先考虑。我们长期居住的柳村就是一个典型的以亲缘关系为纽带的资源网络，向我们经常提供食宿的农户大部分是村书记的亲戚。这样的结果是，即使项目组明确表示希望可以住在不同的农户家里，但事实上仍然只是集中在村里有限的几户人家，他们似乎形成了一个稳定的"接待户团"。其次，食宿安排过程中还涉及社区权威的认同。有一年冬天在李村，项目组的3名成员由该村书记委托治保主任安排住处。然而这位治保主任安排的是一家没人居住以至于需要项目组自己生火取暖的小饭店。当项目组提出希望换到村会计家居住时，尽管村会计非常愿意，但他同时表示："那也要同书记说一下，让他同意才行了。"会计的声音虽然很低，但是字字入耳，显得颇有分量。于是当着会计和治保主任面，项目组成员拨通了书记的电话："书记呀，治保主任给我们介绍的这两家，都挺好的，挺麻烦他的！但是我们想住在会计家里，这样对我们做调查更有帮助！会计对村里的情况很熟悉！"最终，经书记知悉和同意后，这次调换才得以实施。

"得让他（村支书）同意才行"非常清楚地暗示了项目组在村内所做的任何行动都必须首先遵循村里的权力运作规则。于是，项目组成员一方面当着会计与治保主任的面主动向村书记表明自己更换住处的立场，以避免双方之间产生矛盾的可能性；另一方面选用策略性的话语表达——"治保主任给我们介绍的这两家，都挺好的，挺麻烦他的"，给予治保主任充足的面子，使得双方都有台阶可下。在这一过程中，项目组所使用的话语技巧和策略，正是在长期的实地生活中习得、把握了村庄内部的"潜规则"并成功地用于与村民的日常互动中。显然，作为外来者的我们，不断调整自己的处事方式以适应地方规则是非常必要的。在之后的食宿问题上，为了不将自己卷入村内资源竞争的"暗战"并影响与村民之间的关系，我们坚持将入住农户的选择全权交给村干部安排，尽量避免表露自己的住宿偏好，并且在人员较多的时候通常分几处居住。

三　村干部能力的衡量指标

然而，当我们还在关注社区内部因为食宿而可能引发的关于资源、权力、人际等方面的矛盾时，村庄之间又在以另一种方式诠释我们的住宿安排行为。与其他 3 个村相比，柳村是一个相对更加"稳定"的村庄，这里没有明显的政治派系斗争，村民居住也很集中，同时在地理位置上正好处于其他 3 个项目村的中间地段，住在该村对于开展工作更加便利。出于以上因素的综合考虑，项目组在该村住宿的频率明显高于其他 3 个村。于是，在其他村看来，该村似乎成为项目组的"宠儿"：不仅先于其他村成立了妇女协会、修建了文化广场，而且周转金项目的试验阶段也选择了这里。不久之后，其他 3 个项目村的村干部向我们反馈来了意见："你们一来就住在柳村，什么时候也来我们村看看啊"，"你们不来我们村，村民还以为我们村干部没做好，你们对我们有意见"；同样还有来自村民的反馈："俺们和村干部说过很多次，农大的来了就要把他们招待好了，他们是为俺村好才来的。"

　　无论在村民还是村干部眼里，项目组在村庄之间的食宿选择反映了村干部的"办事能力"。虽然我们从未认为两者之间有必然联系，但很明显，我们的想法并不符合村落的逻辑。我们需要改变以往的思维逻辑来顺应村庄的规则。于是，2008 年 11 月，当笔者代表团队首次在杜村的村书记家住了 10 天后，被村干部看作本村工作的一个突破性进展。这期间的每个晚上，书记总会叫附近的治保主任到家中一起打扑克、聊天。这些活动在笔者看来不过是消遣娱乐，对他们而言则更像是执行任务：谁会在大冬天的夜里为了没有任何奖惩措施的牌局冒着严寒穿梭于黑压压的村庄呢？至少这样的事情在其他项目村从未发生过。就在笔者准备返程的前一天，书记家更是摆了一大桌佳肴，并在酒桌上为笔者这次住宿的"历史性突破"干了一杯。

　　就这样，在我们外来者看来极其简单的食宿问题，却被地方行动者理解为包含了经济利益、人际与权力关系、资源分配①，甚至是影射村庄之间政治力量的丰富内容。这些多样的诠释方式，反映了地方行动者如何运用其地方知识来解构外来干预事件并以此为依据做出相应行为反应的过程。在与地方行动者的互动过程中，知识的差异性也迫使外来干预者站在地方行动者的角度来理解社区文化与行动逻辑，并不断调整自己的行为以顺应地方文化与规则。最终，基于对地方知识的学习与互动，外来干预者和地方行动者共同建构和重塑着干预活动本身——通过食宿行为来暗示或传达各自的意图。然而，围绕外来者食宿问题的互动过程只不过是项目执行过程中微不足道的一部分。我们不难想象一下那些牵涉到更多资源与利益分配的项目执行过程又将会是什么样的画面。一旦双方不能越过彼此知识性差异的鸿沟，那么项目失败的可能性将在所难免。

第三节　发展干预的话语建构

　　发展的话语分析认为，发展过程中并存着多种话语，如学者的、技

---

① 王伊欢教授对同一社区的研究还表明，村民将项目组的食宿安排选择诠释为项目资源分配的偏好暗示。对于这一点，本研究将不做进一步阐释，详细资料可参见（Wang Yihuan，2003）。

术专家的、官僚的、农民的等等，这些不同利益相关群体有各自的话语体系，从而构成了两大知识体系——（西方）科学知识与地方本土知识（杨小柳，2007）。同样，EED 项目在执行过程中同样面临着外来者与地方行动者之间对干预项目所持有的不同话语体系。由于"话语"具有建构的特征，即社会世界和个体是被语言实践不断建构的，因此，本研究对话语的关注不是要从话语中透视出某种客观实体的存在，而是分析话语如何不断构建社会世界的。在此，本书以周转金项目为例，通过外来者与地方行动者使用的发展话语来考察界面双方在文化和知识方面的差异性，以及地方行动者是如何通过话语对外来干预进行建构的。

一　生活信贷：由理性出发的项目规划设计

2006 年 4 月，和往常一样，每当初春我们来到柳村时，村民便知道这是到了还周转金的日子了。此时，已经有不少农户备好了 2005 年借用来发展家庭生产（包括养殖和种植）的资金，也有不少没有用到的农户开始盘算这一年是否该申请这笔资金。不过 2006 年这一年，基于前期与周转金管理小组的讨论结果（见本章第四节内容），柳村增加了生活信贷、妇女协会等项目内容。这对村民来说应该是个好消息。

通　知

××农业大学周转金第二期项目已经到期，请去年使用周转金的农户于 4 月 20 日之前将应还资金准备好，4 月 20 日上午 8 点交到大队办公室。

另外，为了方便妇女们的资金周转，丰富妇女们的文化生活，本村将成立妇女协会，望广大妇女们踊跃参加。

加入妇女协会有资格参加以下活动：

1. 周转金的申请与使用
2. 生活信贷的使用
3. 加入秧歌队
4. 观看电影与科教片
5. 其他文艺活动

报名时间为下午 1 点到 4 点。报名地点如下：

北街：刘晋财家　　南街：郭素芳家

2006 年 4 月 13 日

　　信息通过海报和广播的方式开始在社区内大范围传播。从村民的反应中，我们可以明显感觉到他们对"生活信贷"的兴趣远远超过对"周转金""妇女协会""秧歌队"的兴趣。"搞那么个'小贷款'忒方便"，"这个要能做起来，可真是为村里做了一件大好事"（详见第四章第一节）。事实上，项目组对"生活信贷"的策划缘于对村干部评价周转金效果的反思。在执行了两轮周转金项目后，柳村村干部用"没有客观的效益，但有客观的名誉"来概括周转金的效用，认为尽管没有多少农户在周转金使用过程中获益，但村民都理解并认可"农大"在柳村所做的努力。柳村村干部指出，周转金目前存在的主要问题是农户申请周转金的条件严格，且受益农户数量少；另外，周转金的发放时间很固定，缺少灵活性，不能随时满足村民的资金需求。

　　基于周转金的缺陷，项目组想到是否能在柳村运转起一种较为灵活的生活信贷，农民可以在需要时随时借款，还款时附加给管理员一定的手续费。对于项目组的这个想法，村干部表示很赞同。该村书记指出，村里的"小额信贷"（指信用社在村里分设的办公点）已经在多年前被撤回乡里，农民需要贷款时只能跑到乡里去办理，而且办理手续较为烦琐，附带条件也很多。因此，村民需要用钱时，首先选择的是向邻里和亲朋好友借取，一般只在所需资金数额较大时才会想到去信用社申请贷款。此外，农村正规金融的缺失也导致了农村放高利贷现象的普遍性。柳村村干部认为，在柳村运转生活信贷"比周转金带来的效果更好。谁家没有个'短着'（缺钱）的时候，去邻居家借钱还欠着人情。这个好，忒方便！"

　　虽然生活信贷的想法得到村干部的支持，但是生活信贷具体如何运转、谁来管理呢？项目组联想到目前小额信贷的管理模式，决定在柳村成立一个妇女协会，由妇女管理和维持生活信贷的运转。柳村在组织妇女方面是有一定基础的，因为周转金的发放对象主要为妇女。

尽管村委会是真正意义上也是最主要的管理力量，但妇女在一定程度上也承担着周转金管理、监督与审查的角色。此外，我们也曾计划成立妇女协会与周转金协会两个妇女组织，使之分别负责生活信贷和周转金的收取和发放。但我们很快发现，两个协会在结构和活动内容上具有高度的相似性和重复性。例如：都是以妇女为主要成员，管理者也很可能会是相同的几名妇女；都是以资金管理为主，并包含了技术培训等活动内容。在这种情况下，项目组决定将两个妇女组织合并为妇女协会一个组织，妇女协会将同时负责生活信贷和周转金的管理，其他的活动也将融合进行。

　　基于以上思考，项目组同村干部以及部分村民进行了多次讨论。讨论结果以及相关信息宣传过程中村民的反应告诉我们，项目组对生活信贷的设想具有较大的可行性。此后，项目组与村民进一步讨论，共同制订出生活信贷项目的管理制度与申请程序等方案，并推选出管理小组成员与监督小组成员各 3 名组成生活信贷管理机构（见图 2-1）。2006 年4 月底，柳村妇女协会成立，生活信贷项目正式启动。

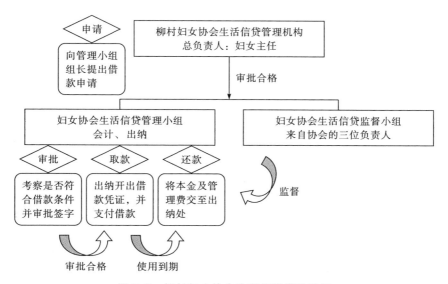

图 2-1　柳村妇女协会生活信贷借款流程

柳村妇女协会生活信贷制度

1. 参加妇女协会成员可以提出口头申请，生活性周转金最多不超过 300 元。期限在三个月之内。

2. 协会成员提出口头申请使用生活贷款时，必须通过管理小组成员考虑归还能力方可批准使用生活性周转金，否则不予批准。

3. 生活性周转金每百元每月手续费 1.00 元，三个月不归还的每月再增加手续费 0.5 元。

4. 管理小组要有一套完整账目，严禁简化手续。

5. 管理小组收取手续费后，管理小组提取 50%，剩余的 50% 用于办公费和监督小组成员每年每人 40 元。

6. 监督小组每三个月要审查账目一次，并了解生活性周转金的发放情况。

7. 管理小组成员要一视同仁，不准优亲厚友，不准随意私自使用生活性周转金。

柳村妇女协会

2006. 4. 29

二 隐含在话语下的村民理性思考

然而出乎意料的是，1 年后，项目组与村民共同讨论和计划的生活信贷项目并没有像大家预想的那样顺利执行。项目启动后，除了 1 名农户使用外，生活信贷资金一直无人问津；资金管理小组同样从未发挥过任何作用。生活信贷项目最后以失败告终。

生活信贷项目的失败不得不让我们回头反省其设计过程。首先，该项目设计的初衷是弥补周转金的缺陷，使农民在生活中遇到突发性困难时可以随时借用，从而解决村庄"向村民借钱难，同时欠下人情债"的困境。其次，与地方行动者的沟通过程也证明了该设想的正确性，项目组进一步在此基础上制订出相应的项目管理方案。因此，这种基于同地方行动者共同策划的项目实际过程，似乎不能被看作"实践与设计模型的脱节"。然而进一步与村民的互动发现，项目组与地方村民对生活信贷项目的认识存在较大的差异，这在他们对生活信贷的话语构建中反映了出来。在项目组的话语里，基于对资金用途的区分，我们用"生活性周转金"来形容"生活信贷"，用"生产性周转金"来形容先前发放的"周转金"。也正因如此，生活信贷的金额应当不超过300元。不过，在村民的话语里，他们并非这样区分周转金与生活信贷的，而是称"生活信贷"为"小贷款"。在他们看来，这样的项目相当于可以发放小额贷款的农村信用社；小额资金是用来解决生产生活中的问题，也就是小到家庭养殖，大到生产经营都可以使用。

　　基于对生活信贷的不同理解，村民很自然地将其"管理费用"与银行的"贷款利息"进行比较。即使项目组不断强调"管理费用"与"利息"的差别，也未能消减村民的这种理性比较行为。我们不止一次地听到村民这样的反馈："这小贷款的利息比银行里的还高"；"100元仨月1块钱利息才说得过去"或者"300元一个月1元钱可以接受"。总之，村民在意的不是"管理费"与"利息"究竟是什么，而是这笔费用究竟多少才能接受。就这样，项目组在前期花费了很大精力用于思考生活信贷的模式以及管理制度后，却在执行过程中不费吹灰之力地宣告失败了。原来，项目设计者与项目受益者在其概念上就存在着较大的分歧，然而这一分歧直到实施阶段也未被意识到。

　　村民对"利息"的经济理性思考，说明项目方"设计模型与实践脱节"的现象是存在的，同时也揭露了我们在设计阶段的不足：未能广泛征求村民对管理费用的看法与建议[①]。如果项目方能够尽早意识到双方对"生活信贷"理解上的差异，能够在与村民的会议讨论过程中多留意他们对"利息"的关注与相关建议，那么该项目或许就不是如今这样的结果，村民也不会为此而对"农大"失望。可见，双方在信息互动过程中未能跨越对项目理解的知识性鸿沟，是此次项目失败的根本原因。村

---

①　事后我们意识到，由于当初参与周转金管理制度讨论的妇女以管理人员居多，所以她们对管理费用的考虑多以自身利益为根本出发点，因而未能代表大多数群众的观点和立场。

民对生活信贷资金额度偏低的评价，也向我们暗示了这样的现象：在当前村民生活条件日趋富裕的背景下，大部分村民或许并不缺少应对生活中小规模突发事件的资金，而是缺乏用以扩大生产经营的相对高额的成本以及应对较大生活风险（如重病医疗开销等）的能力。

以上项目执行过程中双方未能对项目达成理解上的共识而最终导致项目的失败，在揭示了共享知识对处于不同界面的行动者之间进行干预互动的重要性的同时，也充分说明了发展干预者和研究者理解地方"话语"的必要性。在发展干预中，不同的社会行动者运用的发展话语，一方面反映了自身的理解与相关文化，另一方面也成为行动者构建自己行为和策略合法性的一种手段（Long，2001）。这也提醒我们，具备对地方行动者如何通过话语以构建和表达其文化与行为含义的高度敏感性，是外来干预者保障项目顺利开展的最基本的素质要求。

第四节　会议中的谈话分析

在发展干预过程中，外来者思维与地方知识的不连续性特征不仅表现在对发展话语的不同理解与表达上，而且普遍存在于他们的日常生活谈话中。只要稍加留意便不难发现，地方行动者的谈话常常暗含着地方文化与村落规则。

2006 年 4 月，正是项目组回收上一轮周转金和准备下一轮发放工作的时候。按照计划，项目组于 11 日晚召开了由村干部和若干名妇女组成的周转金管理小组会议，希望就这一年的周转金项目资金回收和发放计划进行讨论。

案例 2-1：有关周转金还款问题的讨论过程

（2006 年 4 月 11 日晚 8 点，柳村村书记家）

晚上 8 点左右，妇女主任笑容满面、热情洋溢地第一个出现在会议现场；一位恰巧来串门的老大爷也坐在一旁的沙发上准备旁听这次讨论。妇女主任、村书记、副书记等村干部都到齐后，周转金管理小组的妇女们却迟迟未来。于是书记准备打电话通知，但他似乎并不了解周转金管理小组的成员究竟是谁，便询问周转金管理小组组长——妇女主任。然而妇女主任也摇头表示不清楚。最后，书记按照名单随便找了三名妇女来充数，并向我们这样解释道："天气不好，我们就随便找几个人过来吧。"会议于是在这样预料之外的情景中展开。

书记：小贺（项目负责人），如果这钱收不上来的话，怎么样？

项目负责人：村里收钱困难我知道，但这钱是必须要收回来的。如果钱收不上来，那我们以后的项目也不会有信心做下去。因为我们相信农民的信用，才把钱发下去。如果每一次都有人没还上来，那一年推一年，周转金最后就没了。

书记：嗯，这个倒也是……小贺，我觉着就咱们这几个人开会不行，得把所有拿周转金的人一起召集起来，开会效果好。

项目负责人：我原打算以广播、海报的形式来宣传。为什么要开会呢？

书记：因为你说这广播和海报吧，可说不准，他（借用周转金的农户）要是不想还钱，你问他为什么不还，他就说"没听见广播，海报也没看见"。

副支书：如果开会了，都当他面说过了，他就推不掉了。

书记：先广播广播，有个心理准备；再开会，给个压力。

妇女1：那些拿了周转金的人，看到你们（项目组）来村里了，就有人问，"那些大学生是不是来收周转金了？"我看哪，村里大部分人都还是能还上，很多人已经提前准备好了。

项目负责人：是吗？那太好了。妇女主任，这些周转金谁在负责收呢？收上来放在哪里？

妇女主任：嗯，这个你问书记吧。

书记：收钱肯定得村委会往回收。

一　社区权力结构下的会场逻辑

会议中，妇女主任没有回答有关周转金由谁回收和保管的问题，是因为项目在操作过程中并没有按照其管理制度所规定的由周转金管理小组来完成，取而代之的是村委会。这一点，单从会议开始前村书记询问管理人员名单的细节中就隐约可见。周转金管理小组是前期项目组与村民和村干部共同讨论的结果，其成员除了妇女主任外均为普通村民，因此项目组将其视为妇女组织的雏形。然而在实施过程中，周转金管理小组却未能真正发挥作用。究其原因，村干部解释说妇女协会在村里还没有权威，"妇女协会在村中没有权力，没办法对申请人采取制约措施使她们按期归还周转金"。我们也曾多次听说村民在还款时直接找的是村干部，而不是其他管理人员。这样的情况在其他项目村也普遍存在。包括与村民共同讨论周转金的还款制度，实质上也是由村委会主导。可见，村委会权威形象与合法性地位在农村社区已根深蒂固，他们所拥有的行政权力以及与之相关的行政资源为其行动提供了合法性依据。

而且，这种权力的合法性在这次会议中表现得淋漓尽致。作为村庄的最高权力持有者——村书记在此次会议中掌控着话语主权；以副支书和妇女主任为代表的从属者出言谨慎，唯恐打破潜在的权力规则；被临时找来的 3 名妇女显然也很清楚自己的"充数"角色，在整个讨论过程中几乎保持沉默。为了避免书记的话语独裁，主持人试图为其他参会人员创造发言的机会，然而效果并不理想：当问到妇女主任（兼周转金管理小组组长）有关周转资金的收取和存放等问题时，她自动地把话语权交还了村书记。当第一次在此次会议中看到"预料之外"的会议场景以及村干部凌驾于村民管理小组之上的气势时，笔者心里多多少少有些失望和无奈。而之后无数次与地方村民接触后，笔者发现，以权力等级为特征的会场逻辑在地方村民会议中已是屡见不鲜的事实。

从属者的出言谨慎，反映了村民对社区权力的遵从以及对该权力下人际关系与利益关系的维持。正如我们多次只针对村民召开的会议表明，权威势力不在场的会议往往要比在场的会议在气氛和结果上都更活跃与多产，村民并不是他们所谓的"大老粗"。权力下的会场逻辑是每一位社区行动者共同构建的结果。这些社区共享的知识使不同行动者在具体的活动和场景中，有意识地对其身份进行范畴化，如"村干部"与"村民"的角色区分。因而，在这些地方行动者心中，各有一把掌握平衡权力关系的标尺，用以把握自己在不同的生活场景中应当使用什么样的话语和行为。理解和掌握村庄权力下的会场逻辑，不仅有助于外来者了解地方权力格局特征和微妙的人际关系网络，也可为我们捕捉重要信息和发现关键问题提供有效的线索。当然，要想得到村民更全面的想法，研究者或发展干预者对村民进行个别访谈和小组会议是必不可少的。

二 会场中学到的管理经验

在柳村的周转金试运行阶段，村干部最为关注的是周转金的回收问题。如果资金不能按期全额收回，不仅会影响该项目在其他三个村的推广，更会影响今后其他项目对柳村的持续投入。会议谈话表明，即使妇女对周转金的回收表现出更为乐观的态度，但站在全局立场上的村干部仍不敢放松警惕。基于对村民的了解，他们预计到少数农户可能采用不还款的辩解策略拖延还款或拒绝还款，因此他们自己也发展出一套反策略——先广播后开会。这样看似简单的"双重施压"策略，却往往被我们外来者所忽略。辩解与反辩解策略说明了"面子"规则在村落社会对人们行为所具有的强势约束力。

相比较而言，源于外界的"科学"管理方式在地方实践中却遇到诸多不适应。例如，在此次会议中讨论到妇女如何加入妇女协会时，项目组习惯性地想到让妇女写申请书，却被村书记直接否定，并被建议采取口头报名的形式取而代之。此后，申请书在农村社区的无效性特征在项目执行过程中得到充分证实。一方面，由于受到妇女自身文化水平因素限制，周转金的申请书事实上大部分由他人代写；另一方面，具有发展意愿的妇女并不一定都会提交申请，相反，她们中有的干脆直接放弃申请，有的则先提出口头申请，在得到村委会口头答复后再决定是提交还是放弃写申请。这是因为，尽管制度上强调周转金管理小组应当首先考虑借款人的发展能力和还款能力，但以亲缘和地缘关系为纽带的人际关系网络在社区内仍然是影响审核结果不可忽视的因素。这样一来，写了申请却得不到批准的农户，认为是自己的信誉度不够而不能获得资金，从而在村里"丢了面子"；有的则认为自己与村委会"没有关系"，因此选择放弃申请；还有部分农户认为"那都是有头有脸的人家才能申请到的"，因此不愿意"掺和"该项目。

可见，"申请书"并不是适合于地方村民用以表达其意愿、请求的有效工具。正如费孝通在其有关"文字下乡"的论述中精辟地概括道：文字是现代化的工具，它是传情达意的一种工具之一，而在面对面的亲密接触的乡土社会中，人们并没有用字来帮助其在社会中生活的需要（费孝通，1998）。在人际关系、人情面子等因素影响下，人们的申请行为不是按照项目设计的"有发展意愿—提出书面申请—申请批准"的步骤进行，而是呈现出复杂而多样的行为反应（见图2-2）。书面申请变成了一种应付管理制度的形式，真正起到关键性作用的程序则是基于熟人社会的非正式口头申请。

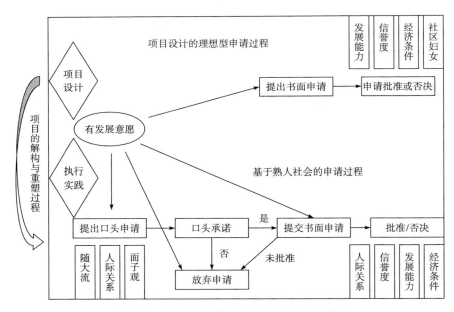

图2-2　周转金申请程序的解构与重塑过程

这种以地方知识为基础的项目管理方法，在我们的项目执行过程中常常被加以强调。这也是周转金项目没有选择由项目组直接操作运行，而是由地方村干部和村民组成的周转金管理小组负责管理的原因。我们认为，这种方式一方面能够提高村民的管理能力，促进农村自治组织的培育和成长；另一方面，地方行动者比我们任何一个外来者都更清楚社区内谁具有经济发展潜力、谁拥有较好的还款信誉度。

第五节 从互动中学习

2006 年的初春，项目组的一位成员在与村民的一次闲聊中无意提到村落公共卫生问题，认为村里垃圾乱倒现象严重，村庄卫生较差。听到这样的评价后，村民开始审视自己的居住环境。一位叫王民生的村民随后问道："你觉得俺们村哪最脏？"项目组成员脱口而出："我觉得大街上哪都挺脏的。你看，炉灰随便堆在街边，浆砌渠也被垃圾填满了。"不料，这样的讨论迅速在村里传播开来。到了晚上，村民、村干部都知道了一个农大的学生和王民生说起村里卫生的事，"农大的学生说村里哪都挺脏的"。就在当晚，村支书主动找到项目主管人员，表示无论如何一定要把村里的卫生搞好。

此后不久，项目组在一次与村民的会议中展示了一段有关村庄"昨天、今天、明天"的短片，再次引起了村民对改善村庄卫生状况的重视。短片首先展示的是若干年前社区的秀美景色。看到淙淙流水流过绿油油的草地、连绵起伏的青山映衬着祥和的村庄，村民开始小声地讨论起这些图片中似曾相识的地方。然而当短片切换到村庄的"今天"时，立刻引来村民的一阵喧哗——"哎呀，忒脏！"这些照片展示的是目前村庄里大街小巷、河套边满是被村民丢弃的凌乱不堪的生活垃圾，与先前宜人的景象形成鲜明对比。此后，我们与房东家的阿姨聊起此事时，她说："大家都觉得忒丢人！真该好好搞搞卫生，建几个垃圾站什么的。"

或许在村民的评判标准中，他们从未意识到自己每日生活的村庄存在卫生问题。生活垃圾似乎在附近的每个村庄都随处可见，人们因此而习以为常。然而，外来者有意或无意地将自己的卫生标准带入社区，使得村民开始重新思考他们不曾关注的问题。基于双方的共识与随后采取的行动，社区卫生终于 2 年后在 EED 项目的资助下得到显著改善：整洁、干净的混凝土道路取代了原来坎坷不平的小土路；村内建成了多个垃圾堆放点，定期由相关负责人进行清理；河套边常年累积的各种垃圾也不见了踪影；村民开始逐渐抛弃随意扔垃圾的习惯，大街小巷再也看不到煤炭灰和塑料袋——俨然一幅欣欣向荣的"新农村"气象。

社区的环境卫生问题在双方达成共识的基础上顺利得到解决。在这一过程中，项目组成功唤起了村民的广泛思考，为进一步采取相应措施奠定了群众性基础。与该项目的启动过程类似，每个EED项目活动都要经历与地方行动者共同讨论的过程。这种地方需求为导向的项目启动方式，也在一定程度上促成了4个项目村在项目的具体内容和时间上出现不尽相同的情况。执行过程中对村民参与决策行为的强调，也成为区别于社区传统项目的执行方式。这些与传统发展项目有着明显差别的执行方式，在项目组与村民的不断互动和谈判过程中逐渐被地方所接受，且地方逐渐发展出自己的一套行动逻辑。

以有关项目资助经费的谈判为例。在税费改革导致村集体无力为社区提供公共品的状况下，中国农村的发展主要依赖于国家的项目支持。同样在青林县，农村社区主要通过两种途径获得国家的项目支持：一是通过上级部门（通常为市发改委）的区域规划"被动"地纳入发展规划中，从而获得相应的支持（如沼气池项目、小麦/玉米良种补贴项目等）；二是村委会"主动"地通过"跑项目"的形式向县级职能部门争取项目资源（如道路建设、农田建设等）。本研究中的4个项目社区均以后者为主。例如，为了解决水利设施问题，村委会可以利用其社会资源与人际网络关系间接或直接地与县级水利局相关负责人取得联系，试图获得对方对本村水利建设的资金或物质支持；如果水利局提供的支持不足以满足其所需，他们还可以以同样的方式与其他职能部门取得联系并获得支持（见第四章第三节）。而对于这些职能部门而言，除了国家或省市级下拨的专项资金外，还有一部分可自由掌控的项目资金。这些资金的利用与分配具有较大的灵活性特征。因此，那些越与这些部门重要负责人具有较强关系的村落社区，越有可能通过"跑项目""拉关系"的方式获得其项目支持。

然而当EED项目进入村里时，村领导最先都持怀疑态度，"哪有那么好的事，主动给村里白投钱？"然而第一年项目结束后，村干部开始相信真有"天上掉馅饼"的事。"你们进行了调查，后来给了资金修水塔，老百姓都认为你们说话算话"，"不仅给俺们村投钱，就连住在老百姓家里你们也要给钱"，等等。在项目取得了地方的信任后，地方行动者开始意识到 EED 项目与国家项目的区别：

> A：开始的时候你们有个调研，怎么操作都有一个明确的安排，执行过程中你们随时还有人在场，质量也有保证；
>
> B：政府的项目你去跑，他不管你的项目大小就给你拨钱，比如说 5000 的项目它可能给你 1 万，也有可能 1 万的项目它给你 5000；
>
> C：只要你有人，送点礼，他（地方职能部门）就能多给你一点，这和你们项目不一样，它（EED）是报账制，比如说用工多少、什么开支，都是有条款项目的；
>
> D：你们对村里的了解比乡镇干部了解得更透彻，因为你们经常住在村民家里，走街串户了解情况，知道农村缺什么。

地方行动者对外来干预项目的认识与理解，是一个双方不断磨合和经验总结的过程。以"报账制"为例，这着实让地方行动者费了不少功夫，因为在乡村消费极少有符合要求的正式发票用以报销。除了报账制的困扰外，地方行动者还按照惯习试图通过"酒桌文化"来增加项目组对本村的支持力度，结果发现这种方式对我们似乎并没有任何作用。经历了一段时间的互动后，他们逐渐总结了一些规律，例如"农大很有钱、讲信用，答应给我们的项目都给了"，也有村干部总结说"农大项目变数太大[①]"，到后来一些村干部直接毫不客气地跟项目组讨价还价起来（如案例5-9）。同样，项目组也发现地方行动者的行动特征：当村委会逐渐意识到项目对其参与和决策行为的强调时，他们并非以需求为导向提出项目计划，而是奉行"多多益善"原则尽量多地申请项目支

---

① 这是由于村干部提出的一些项目计划最终并没有被纳入当年项目执行计划中。

持。于是，双方的协商与谈判过程越来越激烈，尤其是对项目资金的讨价还价问题上。"对你们也熟悉了，知道你们学校也忒富，所以就想着法和变着法地跟你们要钱。"这里所谓的"想着法""变着法"就是指通过各种途径多申报项目和提高项目预算成本。于是就这样，项目的实施过程在双方之间的互动、学习与谈判中前行。

第六节　讨论与小结

发展干预作为一种社会实践活动，涉及多方行动主体之间因执行某项具体活动而产生一系列直接或间接的互动行为。这些不同类型的行动主体一般包括外来干预者（如项目官员、技术专家）、地方官员（如乡镇政府官员）以及地方受益者（如农民）等。因此，发展干预的执行过程在某种意义上讲，可以看作不同利益群体之间的互动过程。这些不同利益群体常常在文化背景、知识结构、认知世界、生活方式等方面存在一定差异性，尤其是外来干预者和地方行动者（包括地方官员和地方接受者）之间的差异表现得更为明显。为强调和区分这些差异性特征（亦称不连续性），本书在发展干预研究中引入了"界面"的概念，并将其定义为这样一个场景：在知识、文化、兴趣、利益以及权力等方面存在差异性的不同行动者，为执行干预活动这一共同目标而走到一起进行沟通互动的场域。界面载体（如干预活动）、界面主体（如外来干预者和地方村民等不同行动者）以及界面活动（如行动者之间的互动行为）等要素，共同构成了"界面"这一抽象的概念。它在空间、地理和时间上并没有固定的界限，而是根据相同的活动内容可形成不同或多个"界面"（见图2-3）。

通过案例分析，本章展示了项目实施过程中处于发展干预"界面"上的项目双方之间进行互动与学习的过程。不难发现，地方知识（或称本土文化）在该过程中扮演了十分重要的角色，是影响双方合作和项目顺利实施的关键：在围绕食宿问题的互动过程中，看似与干预本身无关的外来者食宿行为却被地方村民解构为与干预行为密切相关的包括经济、权力、人际关系以及政治力量等方面丰富的地方性文本；一场普通

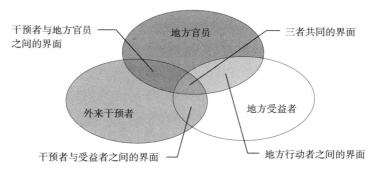

图 2-3 发展干预"界面"示意图

的会议讨论则影射了村庄权力下的会场逻辑、基于面子的规则、策略应用以及符合地方文化的项目执行方式；有关生活信贷项目的讨论与实施过程，更是成为发展干预"界面"上的行动者之间由于未能跨越彼此知识性的鸿沟而导致项目失败的真实写照。当然，在强调"界面"双方具有差异性特征的同时，我们不能忽视"界面"双方为缩减彼此差异性鸿沟所做的努力。一方面，作为外来者的我们在认识到这种差异性后，试图努力习得地方知识以有助于项目能够更好地开展；另一方面，我们也有意或无意地向地方行动者传输着外部文化与价值观，地方行动者也因此在不断学习并调整自己的行为。与村干部的项目谈判过程，很好地说明了地方行动者是如何习得外来项目理念并发展出自己行动策略的过程。

以上外来干预者与地方行动者之间知识的差异性特征表明，发展项目进入社区的过程不是简单地被地方行动者接受或排斥的过程，而是包括项目组成员在内的外来行动者融入和整合到由地方知识与文化构建而成的复杂的社区生活网络中的过程。"界面"互动向我们揭示了地方知识对于干预实践的意义：一方面，地方行动者基于地方知识来认识和解构干预项目，并以话语、行为等表征体系加以表达；另一方面，基于这些知识，行动者进一步采取相应的行动与策略来回应发展干预并最终影响项目执行结果。具体来讲，由社区日常话语、权力运作、人情面子、人际网络关系、经济理性等因素构成的地方知识，组成了地方村民认识和解构干预项目的要素；这些在地方行动者之间共享的知识同时指导着人们对干预活动的回应行为（如资金回收策略、会议中身份范畴化的话语与行为规则等）。总之，通过行为以及对这些行为的理解，行动者有意或无意地成为其他行动者生活世界的一部分；同时，只有基于这些共享生活世界的互动行为，行动者才能够对自然世界（客观现实）、社会世界（社会现实）和个人世界达成一致的理解（Seur，1992）。

鉴于此，发展干预项目的执行过程需要强调处于特定"界面"上的外来者与地方行动者之间对彼此知识和文化的共享与共识能力，尤其是外来者对地方知识的敏感度与获知力。外来干预者或研究者只有充分了解和融入由地方知识构建而成的人们每日生活系统中，才能更有效地抓住项目执行过程中的关键性问题。与此同时，作为发展干预者的我们，需要在这一过程中对自身角色进行反思和改进。

本书认为，乡土知识在发展干预过程中应该得到充分重视。实践表明，农民的乡土知识比所谓的外来"先进科技知识"在处理和解决项目实践中遇到的问题时往往更可行、有效。作为发展干预者，在计划与实施项目活动时的首要任务就是了解、掌握和运用这些地方文化与知识，而不能将项目干预活动仅仅看作执行者只在实施或评估阶段短暂地出现在社区范围内的实施行为。发展干预者应当长期深入社区并与地方行动者共同生活与互动。在这个过程中，发展干预的研究者与实施者应当努力去熟悉和掌握地方权力结构关系、人际关系脉络以及不同群体的不同兴趣与特征等，留意潜藏在他们话语及行为背后的社区规则与行动逻辑，为项目的顺利实施提供基础性保障。毕竟，发展干预的实施脱离不了实实在在的地方环境与生活实体。

在下面的第三、四章中，本书将进一步分析有关地方行动者是如何利用地方知识来解决发展干预过程中出现的各种问题和实现项目或个人目标，并构成项目执行结果的多样性和不确定性特征的内在原因。

第三章　村干部的策略竞技舞台

发展项目常被视为行动者为获取稀缺资源而进行互动甚至是斗争的舞台。在这个舞台上，行动者往往通过投机行为或是暂时的联盟来获取自己的利益，从而导致了项目执行的复杂性和高度的不可预测性（Long & Ploeg，1989）。在 EED 项目中，这样的互动与斗争关系首先表现在外来干预者和地方被干预者之间，其次表现在地方被干预者内部之间。而区分地方被干预者显著类别的重要指标就是"权力"，即对村庄资源的控制与支配力量（如村庄内部的财务、人事和土地等资源的控制与支配权等）。这是因为，农村发展项目在运作过程中总是与社区的政治权力关系和结构相结合。作为权力核心的村委会和村支部，在组织农民到项目活动的具体落实等一系列过程中都起着重要的组织与协调作用，也因此掌握着资源分配的主导权。实践也表明，在干预项目的资源分配过程中，常常在社区权力集团和老百姓之间出现一幕幕为谋取或保护自身利益而紧张甚至冲突的互动场景。

因此，从行动者的视角分析发展干预中行动者的互动行为，需要考察当权者试图使人信服和支配他人的方式；需要考察他们利用资源以施展权力和实现个人利益的途径；还需要关注他人对权力的回应方式，关注他们在权力作用下理解和处理干预活动的方式。本章内容即分析具有权力优势的村干部在外来干预压力、群众服务需求以及自身利益诉求等多方压力下，是如何采取相应行动以实现个人或公共目标的。

第一节　对内排挤与对外谈判：
关于电脑进村的故事

　　2006 年 3 月，对柳村来说是个特殊的日子。按照项目计划，这个月将有一台新电脑安放到村里，宽带、打印机、音响等一系列硬件设备随后也将陆续安置好。如果项目顺利，这将是柳村第一台电脑（早于其他 3 个村），意味着农民将和城市居民一样能够通过全球化技术获取信息、使用信息。在电脑进入村庄前夕，项目组多次召集村民就电脑安置在哪里的问题进行讨论。首先，为避免电脑被权威势力控制的情况，村民否定了村委会。其次，基于对安全、可及性的考虑，村民一致认为不能放于公共场所，而应当选在村民家中。最终，大家讨论决定采用"公开招聘电脑管理员"的方式在村民中招聘电脑管理人员——谁能应聘上管理人员，电脑就安放在谁家。电脑管理员的申请条件很简单：村民不一定要会用电脑，只要积极好学、有热心、有时间为大家服务即可。当然，相关网络费、维修费可由项目来承担，但产生的电费开支则由社区或管理人员自己承担。

　　不出预料，当电脑进村的消息通过海报、广播等渠道在村里散布开来后，立即掀起了一阵轰动。一大早，几个 60 多岁的老奶奶在胡同口晒太阳，嘴里说的正是电脑的事："听说农大给咱村里送了台电脑，电脑是干啥用的啊？""电脑就是打着玩的吧！"随后路上遇到两个抱小孩的大嫂，她们也好奇地向我们打听那台电脑到底要放到谁家，但一问到她们愿不愿意去使用电脑时，她们却不好意思地笑笑回答说："俺们都不识字，哪能去用电脑啊。我看中央台上《别拿豆包不当干粮》里边那些妇女都在家里打电脑，人家用得可真好。"走在大街小巷，总能听到村民讨论电脑进村的事，竞聘管理人员也成为关注的话题，似乎这个平静的村庄因为这台电脑一下子沸腾了起来。

一　柳村：话语战术

　　在电脑进入社区之前，项目组与 4 个项目村的村干部进行了交流。

然而，这 4 个村的村干部无一例外地希望由村委会掌控资源。在柳村，村委会曾建议由妇女主任来担任管理人员，理由是她懂得一些电脑操作知识，同时具有一定的管理能力。但后经双方进一步沟通协商并结合村民意愿，最终达成招聘管理员的一致意见。面试的当天，来了满满当当一屋子前来竞聘和看热闹的村民，其中妇女占了多数。这中间还有一位满头白发的老爷爷。当被问到是否也来应聘电脑管理人员时，他笑呵呵地摇摇头说："我这么老了，不会用电脑，我就是想来看看电脑长什么样。"

第一个应聘的是柳村妇女主任。她在整个应聘过程中显得极为自信和活跃，表示自己承担电费，愿意随时为村民提供条件并帮助他们学习电脑知识。妇女主任的这些话语让我们大吃一惊，因为这和她在面试之前与其他申请者闲聊时的内容形成鲜明对比。在面试开始之前，妇女主任向申请者抱怨说："用电脑忒费电，一个月下来电费不少呢，一般家庭忒不好接受。"当有关"钱"的讨论处于模糊、不确定的状态时，行动者会对谈判的空间和回转的余地抱有一些期待而尝试参与到活动中。因此，我们并没有在这次宣传过程中提及"钱"的问题，村民对电费自付的信息也并不知晓。然而妇女主任巧妙地抓住了村民的软肋，主动提到电费问题，想用"电费开支大"使其他面试者望而却步。对于这些对电脑一无所知的普通村民来说，他们自然不清楚一台电脑究竟要用多少电，产生多少电费。当听完妇女主任的这番话后，他们连连点头。可见，妇女主任这一说法多少让他们心里有了顾虑。

事实上，妇女主任的家庭经济状况并不比其他六位竞争对手具有十分明显的优势，但她自己很清楚，电费的成本远比电脑的成本低，加之目前家中还有两个上小学的孩子，电脑无疑对孩子接触信息化技术是有益的。更重要的是，当其他村民也表达了自己的意愿后，村里的其他干部见机提出了他们的见解。这也更加坚定了妇女主任担任管理员的信心（不能排除的是，村委会可能早已商量好电脑产生的电费由村委会解决）：

A：电脑不能放在经济条件太差、人缘较差的家庭；

　　B：不能由成天忙着自己的事却不能提供服务的村民当管理员；

　　C：如果妇女主任一人看不过来，可以让村里一个叫徐晓亮的年轻小伙儿辅助她的工作，他在村里很懂电脑。

　　村干部的话已经向村民暗示妇女主任是最佳人选。考虑到长期的乡村工作练就了妇女主任较强的组织能力和号召能力，同时与她长期的接触也使我们了解到她在村中具有较好的人际关系，因此，与其他6名合格的应聘人员相比较之后，我们也更倾向于选柳村妇女主任。最终，柳村妇女主任当选电脑管理员。对于这个结果，村民口头上表示无异议，妇女主任自然非常满意。在安装电脑那天，妇女主任家中坐满了去瞧新鲜的村民。当晚，他们一家还特意包了饺子表示庆祝。

　　柳村电脑的安置结果最终与村委会之前的想法一致，但我们坚信这两者在过程和性质上却有明显不同：从广播、海报宣传到电脑户申请面试，再到电脑户的确定，整个过程中信息对村民都是公开的而不是集聚在几个人手中；在应聘过程中，在场的所有应聘者目睹了管理人员的产生过程，同时也很清楚作为管理人员应该肩负的责任——电脑的管理与使用无形中被置于公众的监督之下。可以说，妇女主任是公平竞选的胜出者。然而这一过程中，妇女主任主动采取的话语战术不容忽视。

二　李村：文本控制

　　如果说柳村应聘者只是通过在竞争现场采取话语战术获胜的话，那么李村则是在信息传播的一开始便采取了文本控制的方法限制村民的应聘意愿。

　　在柳村电脑户成功确定之后，项目人员开始召集其他3个项目村的村干部，希望他们按照柳村的模式公平地选出电脑户。但是，李村村干部的第一反应是无一例外地提出了电费的问题，抱怨"村民素质差、不愿负担电费，肯定会在这一点上纠缠不清"。为此，项目人员再三阐明选择电脑户的条件与宗旨，3个村的负责人才要求我们给一份海报内容作为参考，以便回去通知组织村民。数日后，公示海报张贴出来，然而我们却发现其内容与项目宗旨和范本内容截然不同。

海　报

　　中国农业大学给我村配备电脑一台，需聘一名在我村有威信、办事诚实、懂电脑知识的电脑管理人员。电脑放在被聘人的农户家中，管理人员负责为农民提供各种电脑网络业务（无报酬）。有志愿者请于明天即4月7号（农历三月十日）下午2点到苑兴国家报名面试。

李村村委会

2006年4月6号

　　在范本中，项目人员对电脑户的基本要求只有一条，即"热心为大家服务"，而李村的海报却另外增加了"有威信""懂电脑知识"等要求。"威信"，在农村社区并不是人人皆有的社会资本；在文化素质普遍不高的山区农村，懂电脑知识的人更是凤毛麟角。显然，这份海报将申请者的门槛拔高了一大截。此外，和柳村妇女主任的话语策略相似的地方是，海报内容还将项目对申请者的要求显性化：电脑服务"无报酬"。这种试图把不应公开的信息公开化的行为，显然想让一部分村民打消尝试的念头。

　　李村的海报是该村会计写的。其结果正如会计所期待的那样，面试当天除了会计自己报名外，没有一个人前来申请①，就连看热闹的村民也没有一个。在等待了几个小时之后，项目人员只能对这个唯一的候选人员进行面试。会计毫无悬念地成为电脑户。这样的过程让项目人员非常失望和无奈，而站在一定立场上的当事人有着建构自己行动的充分理由。

　　会计：（1）村里人没几个懂电脑，村民觉着他弄不了也不会使，就不来了；

　　（2）村里也有人知道电脑最早就定在我家，可能是不好意思来吧；

---

① 该村妇女主任长期在外务工，因此也没能参与到此次活动中。

（3）谁来报名面试我都没意见，他要是不怕麻烦就让他管好了；

（4）人们对这个没什么兴趣，也就年轻人感兴趣，可是年轻人都出去打工了。

会计妻子：管电脑得自己出电费，现在这村里人们生活不宽裕，一个月掏几块钱电费都觉着心疼，每次交电费都得问问你们家交了多少，不像我们家，一到晚上院子灯都亮着，哪个月都得花几十块钱电费。一说让个人出电费，人们就不愿意干这事了。

村会计自相矛盾的解释很显然是试图掩盖其个人目的而采取的辩解策略；而会计妻子的辩解理由却与柳村的妇女主任如出一辙，经济负担似乎成为屡试不爽的理由。我们随后观察到的其他几位村民的反应，更是说明了会计夫妇说法的不真实性。我们从几个在街上聊天的小伙子那里获知，他们并不知道电脑户招聘这件事情，但他们对电脑表现出极高的热情。此后我们不断了解到，更多的村民对招聘电脑户的事情表示不知情。此外，村民因为交不起电费而不来报名的说法也是站不住脚的，李村的收入水平在全乡排在前列，负担一点电费应该不是大问题。

我们不能排除在海报张贴前村会计自己（甚至是村委会）做非正式宣传的可能性——"村里也有人知道电脑最早就定在我家"；同时我们也注意到，村会计用于正式信息宣传的时间非常短暂：仅仅提前一天将海报贴出去。这样做，一方面限制了信息在村里的充分传播，另一方面也算是给我们项目人员一个"交代"。因此，通过对正式文本信息的控制、非正式信息的误导，会计将整个过程牢牢控制，最终成功地实现了自己的目标。

三　杜村：信息封锁

李村会计的文本控制策略案例，揭示了"信息"对于资源获取的重要作用。在吸取了前期李村的经验教训之后，项目组开始严格控制后两个村的电脑用户确认过程。然而，在杜村又遇到一些预料之外的阻碍因素。

　　杜村是最后一个确定电脑户的村庄。同样，村支书对于电脑的放置早有安排。他想放到村委会办公室作为办公用品，这当然与项目宗旨相背离。面对项目活动提出的公开招聘的要求，村支书内心很不情愿，于是他心里盘算了一套应对策略。4 月 10 日下午，当项目人员按照约好的招聘时间来到村委会时，却吃了闭门羹：村委会的大院里一个人也没有，连村干部也不见人影。联系到村支书后，项目组又等了半天，但还是不见前来应聘的村民，最后只等来了一个替回娘家的儿媳妇来报名的大妈。在项目人员的要求下，村支书当即用广播通知了一遍。他在广播时，要求感兴趣的村民来报名，但是依然像李村的海报一样强调无报酬、费用自付等等。这样的广播内容真让人担心感兴趣的村民是否还会来。果然最后还是没有人前来。村支书用不屑的口气解释道："现在老百姓的素质忒差，认识达不到这个高度，一说让自己出电费，谁也不愿意干。"

　　出于对宣传力度的怀疑，项目人员询问了村支书杜村的宣传情况。村支书回答说在主村是用广播通知的，在较为偏远的自然庄张贴了海报。但这只是据他所说，项目人员并没有亲见，因此也无法判断其真实性。无奈之下，项目人员走出村委会，此时正好碰见听了广播之后赶来的张正海，他也是来为儿媳妇报名的。现在，前来报名的两位老人都是替自己的子女报名。由于子女本人都不在家，项目人员决定 13 日的下午再来进行第二次面试，并叮嘱村支书这几天要做好广播宣传。

　　2006 年 4 月 13 日下午，本以为有了村干部一定时间的宣传，来竞聘电脑管理员的村民会变多，但当我们到了村委会办公室一看，依然是冷冷清清、一个人也没有。对这种局面，项目组非常不满。村支书似乎从项目组的表情和说话语气中觉察到问题的严重性，毕竟在 4 个村子中，只有杜村这么拖沓滞后，他的面子上也过不去了。于是，他急忙拿起话筒开始广播。因为急于完成任务，给项目人员一个交代，他广播的话语中不再提相关的限制条件，而是强调让村民"赶快往办公室赶"。村支书这样一连说了两三遍果然奏效，陆陆续续有 9 名村民来参加面试，其中妇女就占了多半。这个结果显然让村支书"村民素质差"的解释不攻自破。村民并不是素质差、对电脑不感兴趣才不来报名，而是村干部在信息扩散中采取的隐瞒、提高报名门槛的策略阻碍了村民对项目信息的获取和参与热情。

项目组向村民介绍了项目活动的意图和选拔电脑管理员的条件。因为是竞聘，项目组鼓励村民主动参与竞争。聪明的村民立刻受到启发和鼓舞，每个人都谈了自己对电脑的认识，谈了自己管理电脑的优势和决心与打算。就连看似腼腆的妇女也鼓起勇气大胆发言，并且不止一次提到自己想学电脑的愿望。这个场面比其他3个村的情况更为热烈，使我们无法把这些对新事物充满好奇、竞争意识如此强烈的村民与"素质差"联系在一起。与村民形成鲜明对比的是村干部的表现。村支书和另一名村委表情木然，只顾着自己心里的盘算，或是走来走去，或是在旁观看。这一次，村干部无法再对信息进行控制了。

四 杜村再次发起进攻：谈判策略

杜村村干部采取的信息控制虽然失败了，但并不表示他们就此放弃了自己的计划。在第二次面试期间，项目人员听完村民的介绍之后，便决定到每家看一下具体情况。在私下比较之后，我们认为由张正海做管理员比较合适。张正海，56 岁，曾在 2003 年前担任村书记，后与村民赵学兵之间因为争夺村书记一职产生矛盾（赵学兵 2006 年当选）。于是，项目组先试探性地向村委会提出了让张正海担当管理人员的想法。村支书起初虽然大度地表示"没问题，放在谁家都一样"，但回到村委会办公室之后便重新搬出了自己以前的想法：放在村委会办公室。接下来，村支书与项目人员之间上演了迂回曲折的谈判过程。

第一轮谈判

村支书：电脑还是放在办公室好，村干部用起来也方便，选一个电脑管理员让他每天定点到办公室给村民服务。

项目人员：让管理员到办公室来进行管理，首先在时间上受到限制；其次人力成本也很高；再次，办公室卫生环境不好，也不利于电脑的使用。

村支书：电脑放在村民家中不利于村干部使用，有些不便公开的村务无法录入电脑打印。这个问题其他 3 个村都没有遇到，因为他们的电脑户都是村干部。

电脑放在办公室是村干部的根本立场，他们清楚只有这样才能保证电脑为村委会所利用。为了既满足自己的需要又达到项目的要求，村支书提议将电脑放置地点和电脑管理员分开。当这样的提议被拒绝以后，他又以村务管理的名义和其他 3 个村进行比较，要求电脑放置在效果上要与其他村一致。在双方僵持不下的情况下，双方均做出妥协与让步，最终达成商议结果：电脑放置在张正海家中，增加一名村委作为名义管理员加以制衡，以便村干部使用。对于最终结果，双方都无异议，但是言语上的默认并不代表内心的认同。村干部始终没有放弃最初的将电脑放在办公室的打算，这时的妥协只是他们在没有想出用以实现目标的更好策略之前的缓冲。因此，当天晚上，杜村村委的几个成员又连夜来到项目人员在柳村的住地，试图说服项目组在第二天签订电脑管理协议之前改变项目的决策。由于项目人员的坚持，村干部当晚无功而返。

第二轮谈判

4 月 14 日上午，当项目人员再次来到杜村准备按照前一天与村干部谈判的结果和张正海签订电脑管理协议时，村干部再一次用他们的行动对项目安排进行了抵制。在经过一夜之后，村支书显然转变了行动策略，不再纠缠电脑户的确定是否有利于村干部使用和村务管理，而是以电脑放置可能产生的社区内部关系冲突作为谈判的依据。他们列出了三条理由，用以抵制项目人员的最终决定。

第一，一名村委与电脑户人选（张正海）有矛盾，他不同意电脑户确定的结果，这件事做不了。

发展项目的成功实施必须借助于村庄正式权力结构在组织、协调方面的配合。项目人员在开展活动时，总是会尽量避免对村干部的权力关系造成不利影响。这一点是发展实践者与村干部不言自明的共识。村干部正是抓住了这一点，企图给项目人员施加压力。

第二，电脑放置这件事情必须由村委会集体来决定，村支书一个人不能作主。

虽然在实际的村庄治理中，杜村松散的领导集体、工作作风和村支书个人决策的行为方式根本毫无民主可言，与其他 3 个项目村相比可谓是有名的"乱村"，但在必要情况下，"民主"这个对他们来说并没有实在意义的话语也会成为他们达成个人目的的武器。他们否定了第一轮谈判结果的有效性。

第三，几名村委都不在家，必须等他们回来一起决定。

项目活动需要经过村委"民主"的程序来进行决策，但关键人物的不在场使"民主"的过程无法实现。按照支书的说法，村委不在家，我们只能用手机跟他们联系。而手机全球化的使用方式使行动者脱离了特定空间场所的限制，它的不可视性又使对话的双方无法确认对方的所在，更无法辨别手机所传达的话语的真实性。据我们后来所知，这几名村委当时就在村里，手机成了"证明"他们不在场的工具和手段。在这个行动策略中，手机这一现代化的通信工具成了村干部表演的道具。他们运用谎言策略，试图暂缓项目组与张正海的合约，希望赢得更多的时间以酝酿更有效的解决策略。

在这一轮谈判中，面对村干部的各种话语言说和行动策略，项目组始终坚持项目活动的根本原则和立场。由于掌握电脑资源的最终分配权，项目人员对谈判的结果和项目活动的决策具有根本的支配能力。在这种以资源为基础的权力作用下，村干部最终只能做出让步，按照项目人员的意图达成了协议：电脑放在村民张正海家。整个电脑户确定的结果虽然在经历了复杂的谈判过程之后又回到项目人员设想中的原点，但是直到最后签订协议的那一刻，村干部依然没有放弃谈判的努力，并不断发展出新的行动策略来推动谈判的持续进行，以此争取他们目标计划的实现。信息控制、文本误导以及与项目人员的直接谈判，成为他们这次竞争的武器。当然，在这个过程中，项目组人员也习得了与他们谈判的技能。

第二节 制度化与非制度化管理：
关于周转金的故事

按照周转金项目充分调动村民自治能力的管理理念和要求，项目村

成立了以村干部为领导、周转金管理小组为核心的管理团队。这就要求
管理团队（实践中真正发挥作用的仍然是村干部）必须站在中立的角度
为村民提供管理服务。另外，对资源所持有的掌控权也为村干部追求个
人利益创造了空间。周转金的排他性特征同时使得村民与村干部之间形
成一种隐性的竞争关系，这也给社区干群关系多多少少带来消极的影
响。那么，面对村民需求和自身利益偏好，村干部又是如何在实施过程
中对周转金项目进行管理和分配的？这些行为究竟多大程度上影响了项
目干预的执行结果？

一　基于地方知识的管理制度

市场价格波动、技术缺乏、家庭意外事件、瘟疫或病虫害袭击以及
少部分侥幸心理等，都有可能阻碍周转金的回收以及下一轮的顺利发
放。为此，项目组在第二期周转金实施过程中，除了通过技术培训等方
式降低资金使用过程中的客观风险外，还强调村委会要根据本村情况制
定出可行的周转金管理制度。不出所料，由地方行动者商讨而成的正式
或非正式的管理制度在项目实施过程中发挥了重要作用。

第一，基于熟人社会的审核程序。村庄是一个熟人社会，长期的互
动交流使人们对村里任何一个村民的判断都非常准确，初来乍到的外来
人仅通过外表和几句言辞很难对他们的信誉度做出准确的判断。因此，
由地方行动者构成的周转金管理小组、基于熟人社会建构的地方知识，
以及通过信誉度、发展潜力等衡量指标对周转金申请户进行筛选与审核
的程序，有效排除了信誉度较低和无发展潜力的申请户，很大程度上降
低了资金的回收风险。

第二，"先广播后开会"的双重施压策略。广播和海报这两种正式
宣传方式，并不能被看作在农村社区的有效的宣传途径。为此，村干部
试图通过"先广播后开会"的双重施压策略（见第二章的"会议中的
谈话分析"）来应对村民可能出现的不还款行为。"先广播广播，有个心
理准备；再开会，给个压力"，充分体现了基于地方知识的有效应用；
"面子"规则对村民的行为规范仍然具有强而有效的约束力。

第三，强调项目组的在场行为。除了"先广播后开会"的双重施压

策略外，由村委会组织召开的周转金使用户还款会议还反复强调项目组的到场参与——"你们去了给我们助助阵"，试图通过项目组的在场进一步将村委会的催款行为合法化，同时也给使用户施加更大的还款压力。最终，"人情"与"面子"规则在项目组"在场"行为的催化作用下发挥出最大的效用。

第四，委婉有力的语言艺术。以下（案例3-1）是2006年柳村村书记在新一轮的周转金发放会议上对村民施展的一系列话语战术。当人情、面子、广播、会议等要素都到位后，村干部又巧妙地用通俗易懂的语言这一"东风"把这些要素与项目宗旨、集体利益甚至法律后果等串联起来。其犀利的话语与强硬的态度着实让在场的每位村民心里感到沉甸甸的，整个会议过程几乎鸦雀无声。

案例3-1：村书记对周转金使用户的讲话

……咱们在座的呢，这次咱们往下发（周转金），这个呢，我觉着跟咱们户与户借钱是一个道理。我说北京农大为了给咱们老百姓办点好事、支持咱们，给你发了这点钱儿，都说（因为）你没这个钱儿你才用，一分钱的利息你也不掏，一年的时间给你周转周转，在这个经济这方面搞点什么。但是咱们一个得认清，这是咱们北京农大白给咱们的钱儿。白给的吧？**咱们是借的！是让你周转周转，不是说叫你看病的、娶媳妇的。**咱们得把这个事儿说清，咱们贷也好，不贷也好，到期了你必须得还。这是一个。再一个，要是咱们把这个搞好了，也肯定不只就是这一点的事，人家（EED资助方）还可以多给咱们放点周转金。所以说咱们这个是第一步，从这里边，咱们每个人得从思想上考虑才行。人家（EED）不给钱了，或者说把这笔钱收回，**你一个人还不了影响到咱们全村的几百多口人**，不是说你不给（还款）了，只关系到一户的事，不是这么个问题。所以从这里边呢，上一次咱们发的时候按着合同4月20号到期了，但是合同上也有这个问题，合同说有特殊情况的可以缓期，或者说一个月之内的，但是咱们村有咱们生活的事。从这里边呢，小贺（对在场的项目主管理员说），我有这么个意见，咱们下一回再往下放周转金呢，**要写一下保证书，到还钱时间你还不了，你超过一天，你得拿多少滞纳金**；你是百分之十、百分之六十，咱们得有个说法。你这个也没约束，也没制度，咱们这事就不好收……（如果不还钱）这合同上也有，**通过法律上（进行）制裁**。咱们村干部跟一个小村民上了法庭打官司去，从我的感觉上也不是那么回事了，是吧？你村干部跟一个村民打官司去，这说明咱们素质也有问题；再一个呢，**你肯定打官司去，你得输！**这还是另外的。但是**打官司你得出钱，首先得出诉讼费**，是吧？这个吧，我觉着走到这一步吧，就没意思咧……像做买卖的，说我借给你 1000 块钱，你想赚 1 万块钱，结果你赔了呢，那你借我的 1000 块钱你就不给了么？是吧。咱们这个事吧，得说这个理。咱们北京农大的领导也好，包括咱们来的学生也好，**为了支持咱们柳村改变贫困面貌，这是给咱们办实事来啦。所以说咱们这个第一个，你首先得负责任，得好好干**。你说你搞点什么也好，你缺什么也好，你缺什么技术，缺什么培训，咱们在座的北京农大的都给咱们这找专家来咱们这培训了。上次搞了养猪培训，这次一天好几百块钱给咱们村搞养兔的培训。所以说，（哪怕）给咱们一分钱也好，也是给咱们一种大力的支持，给咱们一种脱贫致富的支持，所以咱们必须得搞好。**我再强调一下，咱们这次吧，把钱发下去以后，务必的，咱们（不管）谁也好，到了期，（不管）你赔了赚了，你也得把钱给交上来，咱们才能周转**……

基于以上一番策略的施展，柳村第二期 28 户周转金使用户的还款率达 90%，剩余 3 户因为患重大疾病等客观特殊原因而延期还款。周转金项目在柳村的试验性成功，推动了该项目在杜村的开展。2007 年，杜村顺利发放了继 2001 年以来的第二期周转金。与柳村一样，项目组要求村干部以及周转金管理小组共同制订出适合本村的资金管理制度。出乎我们意料的是，该村管理制度下的还款策略更是独出心裁。

第五，村干部担保策略。杜村的担保制度要求每位村干部为本村 5 名周转金申请户进行担保。若其所担保的农户不能按时还款，该村干部则需要按期替其还款，以保证周转金在下一年顺利运转。换句话说，该担保制度是有选择性的，信誉度较低的申请户或许根本没有村干部愿意为其担保。该村的卢贵荣就是其中典型的一个例子。据村干部介绍，该妇女因为时常欠账不还，在社区中拥有较低的名声，平时也很少有人愿意借钱给她。因此，在此次周转金的申请过程中，她因为没有一位村干部愿意为自己担保而失去周转金的使用资格。到了还款时节，该村妇女主任担保的一位妇女因为不能及时还款而由妇女主任为其垫付①，这样一来丝毫没有影响下一年的资金发放。事实证明，这种村干部担保制度将村民的还款行为与村干部的个人利益相结合，很大程度上优化了项目的执行效率。2008 年，该村还款率达 100%。

二　制度化管理的变通形式

基于熟人社会的周转金审核程序，在很大程度上保证了较高还款率，但同时也不可避免地方便了这些掌握资源的行动者利用其权力和资源优势为个人利益服务。例如，以亲缘关系建构的人际网络的成员成为周转金管理小组优先考虑的对象，与管理小组具有强关系的其他村民更容易申请到周转金，甚至掌管资金的管理人员还可以将部分资金为己所用，等等。不过伴随着项目的持续进行以及行动者之间不断的互动过程，这些非正式的暗箱操作手段逐渐在每日生活中露出蛛丝马迹来。

以柳村为例，通过比较 2006~2008 年周转金使用户名单，项目组人员发现（见表 3-1、表 3-2、表 3-3），张雪丽、陈桂荣、崔玉兰、崔晓英、崔丽萍等人在名单中出现的频率非常高，尤其是陈桂荣连续 3 年借用周转金。通过村民对周转金使用户的贫富排序，项目组人员进一步发现，这 5 名妇女除了崔晓英外，其他几位家庭经济状况在村中均属于中等偏上水平（按照项目宗旨，周转金的发放对象主要为中等和中等偏下的农户）。如果将这 5 名妇女的家庭关系联系起来，那么问题就更清楚了：张雪丽、陈桂荣均是时任村会计的弟妹；崔玉兰

---

① 后来，该妇女在下一年的周转金申请过程中获得了使用权。这表明，妇女主任所谓的"还钱"实质是以周转金"还"周转金。

则是时任副支书之妻；崔晓英是时任妇女主任之母；而崔丽萍是村书记的干亲。除了这几位高频率出现在周转金使用名单上的妇女外，还有家庭经济状况处于中等偏上水平的前任妇女主任以及村书记的妻子等。这些以村委会成员为核心、亲缘关系为纽带确定的周转金使用户，不仅家庭经济状况较优越，而且分别占到 2006 年和 2008 年周转金使用总户数的 15% 和 30%。

表 3-1　2006 年柳村周转金获得户名单

编号	姓　名	性别	用　途	金额（元）	贫富排序
1	杨凤云	女	养兔	1000	中等偏下
2	赵芳玲	女	养猪、兔	1500	中等偏下，丈夫在家务农
3	刘忠英	女	养猪、兔	1500	中等偏下
4	赵英欢	女	养猪	1500	中等偏下，两个孩子上学
5	崔友林	男	养鸡、果树栽培	1500	中等偏下，妻子患有智障
6	苏新梅	女	养猪、鸡、兔	1000	中等，家里有两个孩子上学
7	刘春荣	女	养兔	1000	中等，丈夫为村医生
8	薛桂云	女	养牛	1000	中等
9	张艳群	女	养兔	1000	中等
10	梁玉莲	女	养猪	1000	中等
11	张　欣	女	养殖	1000	中等，丈夫在外务工
12	崔晓英	女	养兔	1000	中等，丧偶，儿子在外务工
13	刘虹娣	女	养猪、鸡，种果树	1500	中等，丈夫在外务工
14	薛小娟	女	搞养殖、做核桃生意	2000	中等
15	刘兰君	女	养鸡、兔	1000	中等偏上，丈夫在外务工
16	崔贺兰	女	养兔	1500	中等偏上，丈夫在外务工
17	张燕芬	女	养猪	1500	中等偏上，丈夫在村内开车拉矿石
18	蔡玉林	女	养猪、兔,做核桃生意	1500	中等偏上，丈夫在外做买卖
19	赵　荣	女	做核桃生意	1500	中等偏上，家里一个孩子上大专
20	陈桂荣	女	做核桃生意	1500	中等偏上，丈夫在外做买卖

表 3-2　2007 年柳村周转金使用户名单

编号	姓　名	金额（元）	贫富排序	所属片区	人际关系	备　注
1	蔡素兰	1000	中等偏下	村西		
2	赵　瑜	2000	中等偏下	村西		
3	赵素珍	1500	中等偏下	村西		
4	刘淑芹	1500	中等偏下	村西		
5	张林荣	1000	中　等	村东	村小学老师	
6	郭素芳	2000	中　等	村西	前任妇女主任	
7	蔡友芝	1000	中　等	村西	丈夫是村医生	别人借其名申请
8	刘淑君	2000	中　等	村东	时任大队会计之妻	
9	张桂香	1000	中　等	村东		
10	曾秀英	1000	中等偏上	村东		
11	崔丽萍	2000	中等偏上	村西	时任书记的干亲	
12	张雪丽	1500	中等偏上	村西	时任会计之弟妹	资金被陈桂荣使用
13	赵　萍	2000	中等偏上	主村	丈夫为村主任厂里的小班长	
14	刘靖云	1500	中等偏上	村西	丈夫为文艺组织者之一	
15	崔玉兰	2000	中等偏上	村南	时任副支书之妻	
16	张月宁	1000	中等偏上	主村		
17	刘悦玲	2500	中　等	村东	时任妇女主任	时任会计借用其名
18	龙素芳	2500	上　等	主村	时任书记之妻	时任会计借用其名
19	陈桂荣	2000	中等偏上	主村	时任村会计之弟妹	时任会计借用其名
20	崔晓英	2000	中等偏下	村东	时任妇女主任之母	时任会计借用其名

表 3-3　2008 年柳村周转金使用户名单

编号	姓　名	贫富排序	所属片区	人际关系	备　注
1	刘文霞	中等偏上	主村		丈夫在外开车，孩子未上学
2	刘靖云	中等偏上	村西		2007 年使用户
3	刘桂芳	中等偏下	村西		丈夫去世，一个儿子智障，一个儿子在京打工
4	刘忠英	中等偏下	村东		丧偶，2006 年使用户，未还
5	崔玉兰	中等偏上	村南	时任副支书之妻	2007 年使用户
6	崔丽萍	中等偏上	村西	时任书记的干亲	2007 年使用户

续表

编号	姓 名	贫富排序	所属片区	人际关系	备 注
7	陈桂荣	中等偏上	主村	时任村会计之弟妹	2006 年、2007 年使用户
8	蔡素兰	中等偏下	村西		2007 年使用户
9	刘荣玲	中等	村西		离婚，一个 2 岁儿子
10	张林荣	中等	村东	村小学老师	2007 年使用户
11	薛红丽	中等偏下	村西		两个孩子上学，家里老人常生病
12	赵 瑜	中等偏下	村西		2007 年使用户
13	崔晓英	中等	村东	时任妇女主任之母	2006 年、2007 年使用户
14	赵芳玲	中下等	村东	村主任的干亲	2006 年使用户，本期未还款
15	张雪丽	中等偏上	村西	时任会计之弟妹	2007 年使用户

　　文本记录的只是事实的一部分。与周转金使用户的进一步接触，让我们有机会对事实做更全面的了解。2008 年初，项目组来到陈桂荣家，想对其上一期周转金使用情况进行了解。不料刚提到她在 2007 年借用了 2000 元周转金时，心直口快的陈桂荣却说她自己没有借过 2000 元，而是以其嫂子张雪丽的名义借了 1500 元，因此名单上不应该有自己的名字。当她拿过记录本看了一遍后指出，名单上还有书记妻子、副支书妻子、会计妻子、妇女主任及妇女主任母亲的名字。她笑着说："可能是大哥（村会计）给安排的，可要打个电话问问清楚？这些人应该不需要用这笔钱的。"后来，陈桂荣的丈夫回家看了记录本后，也称这个名单可能是假的，"没这么多人借"，"这是他（村会计）账对不上拿我们顶呢"。果真，就在当晚项目组与村委会就新一期的周转金发放问题进行讨论时，会计刘晋财一见到我们便说："你们到陈桂荣家去了吧？他们的那笔钱是我以她的名义借了用的，家里搞装修，我当时跟她说了，她忘了。我今天一说，她就记起来了，那笔钱由我来还。"

　　凭借对资源的掌控优势，村会计刘晋财通过借用他人名义的方法，从项目中私自借用了超过 20% 的资金，以解决自家房屋装修问题。不过事情远没有这么简单。按照项目程序要求，每年所有获得周转金使用资格的农户名单都要通过海报的形式在村内最少公示 3 天，在群众没有异议的情况下才可发放资金；此外，在周转金使用过程中，项目组还会不定期地进行入户调查以及时掌握农民的使用情况及其培训需求。因此，从理论上讲，有群众与项目组双方的监视，村委会想要挪用资金是不太可能的。然而实践证明，项目设计大大低估了村干部的能动性。通过对信息的篡改、隐瞒以及熟人关系网络的利用，看起来完美的设计方案在实践中显得不堪一击。

第一，信息篡改策略。为保证有足够的金额剩余为个人所利用，村会计刘晋财首先采用了信息篡改的策略。他试图限制周转金申请户数量，即将"尚未使用过周转金的农户优先考虑"的原则篡改为"以往使用过周转金的农户今年不能再申请"。这样的限制条件大大缩减了妇女提交申请的数量，同时也在一定程度上降低了村民对该项目的积极性，导致项目组最初误以为是村民逐渐对该项目失去了兴趣。

第二，信息的不对称。按照项目要求，村委会应如期地将审核后的周转金使用户名单在村里公示3天。然而对村民来说，他们无从知晓除去这些审核通过的农户外，是否还有资金剩余；而项目组的不在场也为村委会策略的施展提供了有利的机会。于是，村民这一关就这样蒙混过去了，接下来就是顺理成章地将陈桂荣、崔玉兰、崔晓英等人的名字补充到账本中，以备项目组后期的核查。最终，村委会通过先公示后补充的方式掩人耳目地将整个过程合法化。

第三，强人际网络关系。村会计之所以用陈桂荣、崔玉兰、崔晓英等人作为自己的挡箭牌，也是基于对熟人关系网络的考虑以及对项目组入户调查的应对办法。项目组曾经对崔晓英等人进行过访谈。守口如瓶的她们始终坚持自己借用了周转金，并编造了一系列谎言以描述她们是如何利用这笔资金的[1]。最终，基于较强的熟人关系，崔晓英等人为村会计的非合理行为铸造了一堵掩护墙，企图在蒙骗项目组的同时最大限度地将事实真相限制在强关系的熟人网络中，从而避免引起村民的不满。

通过以上策略应用，村会计成功地实现了个人计划。这样的案例生

---

[1] 虽然从她们身上未能看到明显的破绽，然而她们的话语中依稀透露出她们对项目冷漠的心态，与其他使用户形成鲜明对比。

动地展示了项目执行过程中村干部在后台与前台之间通过策略性手段来建构个人利益空间的过程。为谋取个人利益而使项目发生变形、扭曲，在实践中已被证明是不争的事实。同样在该村，其书记在生活信贷项目启动到失败的这段时间内，因为资金一直无人问津而擅自挪作他用；在杜村，2001 年第一批周转金拨到社区后，一部分发到农户手中，一部分却被村书记占为己有并被谎称用于该村道路建设；本章第三节还将进一步讨论村干部如何根据自身利益在项目设计阶段做出项目抉择；等等。

作为社区权力集团，村干部在资源分配过程中明显具有"近水楼台先得月"的优势。而如前文提到的陈桂荣、张雪丽、崔晓英等与村干部具较强亲缘关系和社会关系的村民，同样占有绝对的优势。例如，柳村的一位妇女主任辞去职务后，于 2007 年顺利申请到 2000 元周转金。她理直气壮地认为这是其前期工作应得的回报，"村委会应该会批准我的"。李村村书记的母亲作为社区文艺队伍的代表，在听说社区将发放一笔周转金后，直接找到村委会说："咱们也贷上 1000 元的款，等出去玩（表演）了回来挣的钱再归给农大。"还有作为柳村文艺组织者之一的徐文林，基于自己与村干部之间的强关系，连续两年为妻子申请到周转资金用以发展家庭经济。这些以村干部为核心、亲缘关系和社会关系为纽带构成的社区人际网络的成员，往往是社区项目资源分配过程中的最大受益者。所谓项目"目标瞄准"，也就是这样在村干部基于各种网络关系的行为策略应用中被扭曲的。

三 缓解干群矛盾的策略

前文提到，在周转金项目实施过程中，基于对项目的整体利益考虑，村委会和周转金管理小组发展出一系列管理策略，以保证较高的还款率。然而对于立场不同的社区村民而言，他们很容易将矛头指向村委会。一方面，红榜公示的信息告诉村民，越是与村委会有"关系"的农户，越容易申请到周转金和获得较高的金额支持；另一方面，村委会暗箱操作的事实、村民经验性惯性思维以及道听途说的传闻，很大程度上造成了村民（尤其是提交了申请而被拒绝的村民）对村委会的不满以及不信任态度。这样一来，周转金项目成为极易激化干群矛盾的导火线。

为了缓解这种潜在矛盾，除了项目组要求在申请书审核过程中应当优先考虑未曾使用过的村民外，村委会也相应发展出一系列应对措施。

第一，先让村民尝甜头。基于柳村的经验教训，周转金在杜村重新启动后，村委会以及周转金管理小组一致强调应当"先让村民尝尝甜头，否则会让他们丧失对周转金的信心"。果然，在 2007 年和 2008 年的周转金使用户中，分别只有 3 户和 2 户村民与村干部有亲缘关系（见表 3-4、表 3-5）。让村民先尝甜头的策略从公开公平的角度为社区创造了一个和谐的竞争环境，一定程度上缓解了社区内部的紧张氛围，同时也为赢得项目组的进一步支持奠定了基础。

表 3-4　2007 年杜村周转金使用户名单

编号	姓　名	金额（元）	所属片区	贫富排序	与村干部人际关系
1	肖秀兰	1000	主村	中　　等	
2	赵静芝	1000	主村	中　　等	
3	贾淑丽	1000	主村	中　　等	
4	贺有佳	1000	主村	中　　等	
5	肖志勤	1000	主村	中　　等	
6	曾丽荣	1000	主村	中　　等	幼儿园老师
7	赵雨荷	1000	主村	中　　等	
8	贾静芳	1000	主村	中　　等	
9	赵　梅	1000	主村	中等偏下	
10	肖桂芝	1000	主村	中等偏下	
11	肖凤美	1000	主村	中等偏上	
12	赵静玲	1000	南庄	中　　等	
13	崔荣华	1000	南庄	中　　等	
14	赵　芳	1000	南庄	中　　等	治保主任之妻
15	赵雨珍	1000	南庄	中　　等	村书记母亲
16	崔乐银	1000	南庄	中等偏下	
17	曾莲芳	1000	南庄	中等偏下	
18	崔喜云	1000	南庄	中等偏下	与书记和妇女主任有亲缘关系
19	赵玉芳	1000	南庄	中等偏下	

续表

编号	姓　名	金额（元）	所属片区	贫富排序	与村干部人际关系
20	肖　玲	1000	北沟	中　等	
21	赵兰春	1000	北沟	中　等	
22	贾秀荣	1000	北沟	中等偏下	
23	肖晓丽	1000	南沟	中　等	
24	崔秀玉	1000	南沟	中等偏下	丈夫是小队长

表 3-5　2008 年杜村周转金使用户名单

编号	姓　名	金额（元）	贫富排序	所属片区	备　注
1	张群英	1500	中　等	主村	
2	赵桂银	1500	中　等	主村	
3	张晓悦	1500	中　等	主村	
4	贾杜贞	1500	中　等	主村	
5	肖春平	1500	中　等	主村	
6	贾静芳	1500	中　等	主村	2007 年使用户
7	曾丽荣	1500	中　等	主村	2007 年使用户
8	赵静芝	1500	中　等	主村	2007 年使用户
9	蔡玉莲	1500	中　等	南庄	
10	贺　荣	1500	中　等	南庄	
11	贾淑萍	1500	贫　困	南庄	
12	贾丽梅	1500	中　等	南庄	
13	肖瑞美	1500	中　等	南庄	
14	李佳兰	1500	中　等	南庄	
15	崔喜云	1500	中　等	南庄	2007 年使用户
16	赵秀枝	1500	中等偏下	南庄	
17	肖喜妹	1500	中　等	北沟	
18	肖焕明	1500	中　等	北沟	
19	刘秀琴	1500	中　等	北沟	
20	肖　玲	1500	中　等	北沟	2007 年使用户
21	肖丽娟	1500	中　等	北沟	
22	崔友芝	1500	中　等	南沟	

第二，均额发放资金。"均额发放"是杜村周转金项目的又一大特点。2007 年，村委会根据市场行情，商议每户按 1000 元的标准发放周转金；2008 年，随着市场价格上调，该标准上升到每户 1500 元。"这些钱差不多能买 2 头小猪或者 1 只羊。如果需要更多的资金，农民自己可以再想别的办法。"这样，"拿到资金的（农户）谁也不会为钱的多少说亏欠"。资金的均额发放一方面降低了执行程序的复杂性，另一方面也大大减少了引发村民不满情绪的可能性。同样在李村，妇女主任多次问到周转金项目究竟在该村能够投放多少资金，因为她担心资金不足以分给每位申请者而容易引起群众的不满。"钱少人多，有人分不到就会找村干部的麻烦。"

周转资金的"平分主义"原则，在其他项目的执行过程中也被广泛应用。例如，柳村的道路修建，在项目资金不足以支持全村"道路到户"的情况下，村委会宁可暂缓项目执行时间（试图通过其他渠道以筹集更多资金），也不愿意因为只解决了部分村民家门口的道路而遭到其他村民的指责。又如国家扶贫项目提供的周转羊、周转牛，在项目村也并非只发放给了贫困户，而是按照全村总人口进行分配，其结果是五六口人共享 1 头牛或 1 只羊。为了维持社区和谐，"不患寡而患不均"往往是地方权力组织在项目资源分配过程中考虑的主要因素。

第三，拒绝项目开展。当周转金项目如火如荼地在柳村和杜村开展时，李村却迟迟没有动静。一方面，该村村委会对资金的回收缺乏信心；另一方面，基于对干群关系影响的考虑，村委会本身对项目开展的积极性也较低。在 2007 年的一次讨论会中，李村村书记说道："你们来村里的前一天，妇女主任就提出辞职不干了。去年让她组织妇女协会成员写申请，后来因为资金没发下去得罪了不少人①。今年她也不想因为周转金的事情再得罪人。"针对以上问题，该村书记建议用这笔资金统一开办养猪场，采用"公司+农户"的形式以确保资金的回收。很显然，这样的提议也包含了他对自身利益的考虑。由于资金不能直接发放到村

---

① 为考察该村村民对周转金的需求程度，项目组曾于 2006 年号召村民提交周转金申请书，但之后由于缺乏可行的管理方案而取消了该项目。

民手中，村委会的提议最终被村民否定。在这样的状况下，村干部毅然决定放弃该项目——"钱那么少，不够分的，还得制造出矛盾来"。

综上，周转金项目中村干部"中间地带"的角色特征，并未难倒其对项目目标、群众利益与个人利益的实现。地方知识、权力优势以及社会网络资源的有效利用，为其协调三者关系与实现各自目标奠定了坚实的基础。当然，村委会拒绝项目开展的行为，还与其社区政治、领导类型等因素有关（详见第五章第三节）。但需要注意的是，公共利益与个人利益之间的权衡是村干部行为决策的核心，也是地方权力行动者对项目进行形塑的重要因素之一。正如前文所述，对基础设施建设项目的青睐以及对能力建设项目的冷漠，反映了不同项目内容给村干部所带来的不同利益。然而为了获得持续的项目支持，权力行动者需要做出妥协，需要与项目方建立信任关系。因此从某种意义上讲，主动、积极地完成他们不偏好的项目活动也是一种策略选择。

第三节 内外兼顾：关于项目策划的故事

EED 项目从策划到实施阶段都强调村民的参与和需求表达。这种以权利为基础的发展途径，一方面强调地方行动者的参与，而不是单纯引进所谓先进模式的外援式发展；另一方面则强调赋权，即给予人们声张、表达、运用其权利的机会来提高地方人们的能力，而非将发展项目看作简单的慈善给予（李小云等，2007）。因此，在 EED 项目规划阶段，外来干预者与地方行动者既要考虑和听取村民的不同需求和意见，还要根据项目总体要求以及地方所具备的条件进行项目规划；当确定活动内容后，双方还需要就具体的管理方案、操作步骤、资金支持做进一步安排；在执行过程中，双方根据执行情况交换意见，必要情况下还要对项目采取相应的调整措施。也就是说，地方行动者的意见与建议将对 EED 项目的计划与实施产生重要的影响。然而本研究发现，充分赋权给地方行动者虽然有利于地方需求的表达，但真正从中获得并能够运用此权力的群体往往局限于村干部这样少数社区精英，他们的利益偏好及相应的行动策略实际上很大程度上决定了干预项目的基本走向。

一 基于个人利益的项目选择

发展干预项目对于村干部的"个人利益"主要包含经济的、政治的和社会的利益。经济利益表现为个人从项目中能够直接获得资金或物质的支持；政治利益表现为通过项目资源促进社区的发展，在使村干部赢得上级干部以及社区村民信任的同时，能够进一步帮助其巩固在社区中的政治领导地位；社会利益包括借助项目资源来发展和扩大其社会关系网络，并为社区及个人将来的经济或政治利益获取创造更有利的条件。可见，村干部的个人利益（尤其是政治利益）与社区公共利益之间有很多交汇之处，并非完全对立。那么，面临不同类别的干预项目，村干部究竟如何取舍呢？

实践中发现，虽然 EED 的每个项目活动都是基于项目方与村干部之间的协商与谈判确定产生的，但并不是每个活动都能得到他们的拥护和支持。在由周转金、能力建设（如计算机、妇女协会、图书室等）和基础设施建设（如道路、水利、文化广场等）三大活动内容构成的 EED 项目群中，周转金是村干部最不愿意开展的项目，基础设施建设则是最受欢迎的项目。

首先，多一事不如少一事，周转金项目实质弊大于利。有限的资金额度和农户受益范围，在资源分配问题上给向来追求"公平分配"的村委会提出了较大挑战。分配不当则极易引起村民的不满情绪，甚至影响干群关系。况且，村干部个人从中获利的空间与其在项目执行过程中的劳动付出往往并不成正比，甚至是得不偿失。因此，对村委会而言，他们宁可不要项目也不愿意冒险承担被骂的罪名，这也是李村村干部主动拒绝该项目在本村开展的原因。而在柳村率先执行该项目一年后，该村村书记做出了"没有客观的效益，但有客观的名誉"的评价。这表面上反映了在资金的使用过程中由于面临多种不确定风险因素而影响到农户收益的实际问题，实质上也透露了村委会自身对该项目的被动与消极情绪。而之后从村民对项目的反应中可以看到（详见第四章），即使该项目在执行过程中确实存在不可避免的风险，村民申请资金的积极性以及对它的评价与村干部"没有客观的效益"

的判断也并不完全一致。

其次，一举多得，基础设施建设项目多多益善。在村财政无力为社区提供公共品服务的状况下，高额的基础设施建设成本常常是让村委会头疼的一大难题。为此，村干部常需要放下面子，利用各种人际网络和社会资源从上级部门"跑"来这些项目；送礼、请客、陪酒也成为拉近与上级关系以获得项目支持的必要手段——"修桥、铺路这些项目很费钱，我一直在县里跑款，去要钱，必须事事迁就于人，有时候连尊严都没有"。相比之下，EED项目则省去了不少开支——"（我们）在县里跑个项目找钱很难的，农大人来这里我们不仅不需要花钱，就连你们吃个饭还要给我们钱，从来不占我们一点儿"。除此之外更重要的是，基础设施的可视性和惠民特征成为村干部用来证明其业绩和维持社区权力地位的有效途径。"明年选举不知道我还能不能上，所以想实实在在地做些东西出来，看得见、摸得着的东西，这样就算（自己）下台了，村民也都知道我干事情了。所以，不管你们支持我多少，我都要把它（文化广场建设）完成，就是欠了账我也要做。"为了留下自己工作业绩的证据，基础设施项目常常受到地方村委会的高度青睐，甚至有一名村干部用"草船借箭"精辟地概括了基础设施建设项目对地方村委会所发挥的政治功能。当然，基础设施建设项目对村干部个人而言，有更大的个人利益操作空间。通过提高预算额度、虚报账目、参与投工投劳等方式，均可使村委会成员从中获得直接的经济利益。这样的获利方式在其他项目中是很难得的。一位项目组主要负责人也说："一提到今年给（村里）拨多少多少钱，大家（村干部）都那么HAPPY，我就知道这些干部肯定是有得赚了。"

当然，村干部究竟能够从中获得多少经济利益，我们不得而知。不过，来自村民的抗议多少可以向我们揭示事实的真相。例如在杜村，前任书记张正海与现任村委成员赵学兵之间的矛盾，促使张正海成为后期监督该村项目执行工作的一名突出人物①。2008年11月，也就是杜村修

---

① 村民赵学兵于2001年底靠开采社区矿山起家。为了当选村干部，赵学兵于2002年村委换届之际，组织全村100多名村民以村支部书记存在财务问题为由联名上告，导致时任书记张正海2003年下台。不过这一年选举，赵学兵并未如愿以偿，而是等到2006年后才顺利当上村书记。

建水井和文化广场期间，笔者在一次偶然的机会下遇到张正海。他好奇地问起笔者这次农大总共给村里投入了多少资金。当得知有近 10 万元时，张正海显得有些气愤，说："这些项目五六万就能做下来。"这之后，他愈加关注本村的 EED 项目。在当年 12 月一次关于社区垃圾池建设问题的公开讨论中，张正海闻讯后积极加入并发了言。

案例 3-2：2008 年 12 月杜村有关垃圾池建设的讨论

村民：每个垃圾点建成 4 米乘以 5 米＝20 平方米的就行，1 米高，大概需要建三个，每个用砖两千匹，工钱一两千块钱。

张正海：建一个 3 米乘以 3 米的就行，不用太大，南庄两个，北沟两个，村里三个，南沟一个，共八个，每个一千块钱就够了。

村书记：那哪够啊？一平方米需要 124 块砖，修一个要用半吨水泥（10 袋×50kg），怎么也得两千多块，一千多块不够。

项目负责人：那一千块钱包给你（对张正海说道）。

张正海：行，我包下来。

第二日上午，张正海突然打来电话向项目负责人描述："昨天开会时，书记向我打手势，意思是嫌我要得少，后来还直接给我打电话说这样我们要不到多少钱。你们可别轻易地往里投钱，这事不好弄。"

张正海凭借自身担任书记的经验，试图阻止新任村干部从项目中获利。这样的例子在 4 个社区里是少见的，却充分证明了作为当权者的村委会谋取个人利益的事实。甚至一位村里的出租车司机也说："（针对村里要给立一个公示栏的事）如果要做的话，一千块钱就差不多了，他们肯定和你们说三四千吧。"可见，提高项目预算成本是村干部谋取利益的基本手段。

然而，要完全杜绝村干部的"违规操作"和寻租行为也是不现实的。首先，项目制度本身的缺陷导致村干部必须进行变通。例如，项目要求基础设施建设由村民自愿投工投劳，不得有劳务开支。这迫使村委会通过提高或增加其他预算项目成本的途径将这笔支出合理化，甚至在争取项目或执行项目阶段产生的其他不得报销的费用，同样可以通过该方式得以解决。其次，村干部是项目在地方执行过程中的重要协调者、组织者与实施者，任何干预项目都不可能脱离社区村委会直接到达农户。因此只要不太过分，外来干预者只能睁一只眼闭一只眼。最后，村干部本身也是农民出身，他们除了管理社区事务外，还从事着其他行业（如建筑、装潢、小买卖等），以保证稳定的家庭经济收入。也就是说，"村干部"并不是全职的服务性角色，而是与其他普通村民一样具有竞争资源、谋取私利的权利。事实上，村干部这一角色本身也是帮助其实现经济与社会利益的重要工具。这也是干部选举、村民入党等政治活动在农村社区（尤其是资源丰富的社区）愈演愈烈的主要原因，尤其在目前村集体经济匮乏的状态下，项目资源往往成为村干部可操作的重要资源。鉴于此，适当允许村干部从干预项目中获取"甜头"是不可避免的，甚至在一定程度上还具有积极作用：一方面有助于激发村干部在项目执行过程中的积极性，另一方面也有利于维持项目双方之间良好的人际关系以保证项目顺利实施。

综上所述，基础设施建设无疑是村委会实现个人利益和公共利益的最佳项目选择。它反映了社区公共利益与村干部个人利益高度重合的特征。在当前国家大力提倡新农村建设的宏观政治背景下，全面开展农村基础设施建设更是成为村委会行动的依据。那么，当公共利益和个人利益不能兼得时，村委会又该如何做出决策呢？在宋村，由于担心自己在下一届村委换届中失去竞争力，村书记强烈要求项目组为该村某一大队修建道路。然而根据该大队的村民反映发现，修路并不是他们急需解决的问题，他们更希望用这些资金帮助其发展生产，因为修路不能解决最急迫的生计问题。同样在李村，村民希望周转金能够发到农户手中，而村委会由于担心不能全额回收甚至引起干群矛盾而建议采用"公司+农户"的形式，其实质也是试图将资金控制在自己手中。因此，可以毫不夸张地讲，正是由于这种公共利益中渗透着强大的个人利益动机，村委会在项目谈判过程中提出的项目计划往往并不完全出自对群众需求的考虑，有时甚至与公共需求相违背。因此，作为项目实施方，需要站在更宽泛的立场与角度去审视村干部的行为逻辑。项目方与地方村委之间不断上演的谈判场景也因此不可避免。

二 项目资源获取与抵制策略

基于项目选择偏好，村干部需要进一步施展他们的行动策略以争取"最佳项目"，通过不作为、开小差甚至直接反对等方式排斥其"不对胃口"的项目。

第一，对比心态与公平要求。项目在 4 个村的进展差异不可避免地会引起村与村之间的比较和竞争，其内容不仅包括项目活动本身，还包括实施方案、管理方法甚至资金额度以及项目组的食宿等。实质上，这种对比与竞争也是项目组希望看到的，因为通过对比可提高地方行动者的责任感和积极性，避免滋生他们被动"等待"项目的想法。实践也表明，村际"对比"不但有利于相互学习和借鉴彼此的项目管理经验，而且有助于各村进行自我定位，继而为进一步的谈判策略提供依据。

> 宋村书记：一来到这里（柳村文化广场）就感觉很放松，我们村也要做个广场，而且争取比柳村做得还好！
> 宋村主任：希望农大给弄些健身器材，比如老人的健身球什么的，要像李村那样。
> 杜村书记：到这（柳村文化广场）来了一次就不敢再来第二次了，感受打击，做得恁好了。俺们村也得建一个。
> 杜村会计：李村弄的（文化广场）花了不少钱，你们农大扶持了十来万吧，包括那篮球架？

尽管以上村委会施展的话语战术并不能成为决定是否进行相关项目建设的最终依据，然而它们无时无刻不在提醒项目实施者应该秉承公平与公正原则以实现村际公平。这正如项目在村内实施过程中强调村民之间的平等一样。看来，这种资源分配过程中的"公平公正原则"被村干部延伸到生活生产的各个领域。

第二，"先苦后甜"建立信任。有时候面临"不对胃口"的项目，一些村委会也需要做出主动的妥协（而非被动的妥协）①。这主要有两方面原因：一是为赢得项目资助方的信任，并以此获得更多的项目资源；二是为赢得村民的信任，并以此巩固其社区权力地位。无论是从前者社区整体利益出发，还是从后者个人政治利益需求出发，建立与外来干预者和社区村民之间的信任关系是上上之策，是百利而无一害的。

例如在柳村，周转金项目比其他项目村完成得更出色，并伴随电脑的顺利安置、妇女秧歌队的成功组织（见第四章第二节），加之该村本身稳定的政治局势等因素，使得该村文化广场建设、生活信贷等项目均较其他项目村开展得早。这些项目活动着实让其他项目村感到羡慕，柳村村委会对此也很是自豪。为此，其他项目村也开始陆续开展了相应的策略措施。在杜村，2006 年新上任的领导班子多次主动提出开展周转金项目的申请，并主张采取"村干部担保制度"、"让村民先尝甜头"以及"平均分配"等独出心裁的实践措施，证明了其"干实事"的诚意（见本章第二节）。该村书记说，"2001 年的周转金没做好，农大对我们有看法，所以今年（2007 年）无论如何我们得做好了"，"你们希望我们怎么办，就通知我们。往后有什么项目投资，多给我们些，我们把每一分钱都用出绩效。像今年周转金，我们一分都没有白花，妇女主任想用来买小猪，我们都没给她。"杜村村干部所采取的以上主动、积极的行动策略，确实发挥了他们预期的作用。周转金的顺利开展、新一批项目的积极准备以及村干部之间密切的配合，使得项目组破例在 2008 年给该村批准了两个基础设施建设项目——灌溉水井与文化广场建设。当得知两个项目同时被批准时，村书记露出了满意的笑容，"一年支持两个项目，除了俺们杜村，别的村都没有。这是农大对俺们的信任和支持！"

第三，以不作为表示抵制。由于资源最终掌握在外来干预者手中，因此双方谈判后的一些项目并未完全按照村干部的意愿进行。但是，村干部对项目的妥协行为并不标志着外来干预方的胜利。正所谓"强扭的

① 周转金项目、图书点项目以及计算机项目之间相比，村委会倾向于选择前者进行妥协，主要原因之一在于村民对前者的需求程度高于后两者。

瓜不甜"，妥协而来的项目活动势必在其执行过程中面临更多的挑战。

能力建设中的"图书点"项目就是其中的一个例子。该项目是由项目方提出、在地方村委会未给予直接反对或主动申请的状况下启动的。在该项目框架下，项目方每年定期向4个项目村发放各类农业图书与杂志，村民均可在指定的地点阅读图书。第一期项目实施过程中，各项目村的图书室地点分别设在小学校内或村委会的办公地点，但后期村民反映图书室的长期不开放在很大程度上阻碍了图书的有效利用。因此，在第二期项目执行过程中，图书存放地点改设在村民家中，一般由妇女主任负责向村民发放。地点的改变在起初阶段发挥了一定的效用，一些村民反映可以随时借回家，还可以和其他人交换阅读。然而好景并不长，一段时间后相关负责人又开始怠慢起来，不仅不发放图书，而且新书到达社区后也不再主动向村民做宣传。在李村，图书本来由村会计负责发放和管理，而项目组每次入住他家时都未见村民前来借阅。当询问会计图书的去处时，他却理直气壮地说"被我锁在柜子里了"。同样在宋村，越来越多的村民开始反映借不到图书，也不清楚图书放在了哪里，更不知道是否增加了新的图书；而就在此时，对图书发放、管理工作不闻不问的该村书记却一直试图说服项目组要在该村修建图书室。这不得不让项目组怀疑该村书记修建新图书室的真正意图。村干部在项目计划阶段的"不反对"以及项目实施过程中的"不作为"，无不揭示了其个人利益与公共利益契合度较低情况下的行为逻辑。

第四节　干预之外：私人关系网络支持系统

在EED项目之外，社区村干部还有更广泛的社会资源以支持其获取社区发展的机会。如前文提到，中国农村传统的项目支持有赖于村干部通过"跑项目"的方式从上级部门获得。而这一过程中，社会关系网络常常是社区能否成功获得项目支持的关键性因素。一般情况下，村干部可利用的社会关系网络主要分为两类，一是由地缘和血缘关系构成的"强关系网络"，二是曾经在本乡镇任职后在县城高就的乡干部以及与本村村民有频繁联系的其他社会人士所构成的"弱关系网络"。"强关系网络"，扎根于乡村熟人社会。尽管他们中的一些精英已经脱离乡村在外工作和生活，但因为"老家是这里的"而对"故土"和"老乡"存有特殊的感情，因此他们一般还与家乡的亲戚或熟人保持着紧密的联系；另外，从职业上看，这部分人员一般在县、市甚至省级行政单位工作（或与这些单位主要负责人有一定亲缘等关系），因而具有一定的社会地位、权力以及较广泛的社会资源，能够为家乡社区发展贡献一定力量。相对于"弱关系网络"而言，处于强关系网络中的行动者，从其出生便与"老家"建立了这种由血缘和地缘构成的熟人关系网络，并且不会轻易因为后期生活地点的改变或长期的不联系而发生变化。因此，这种社会关系常常表现为一种"强关系"，"凡是我们（村干部）找到他们帮忙，没有一个不愿意帮的"。

　　与强关系社会网络相反的"弱关系"社会网络，源于后期工作、社交等活动需要而形成的社会网络。他们大部分与村干部有直接、密切的合作经历，也有的通过社区村民而与村干部有间接往来。处于这一网络中的社会人士也有两方面显著特征。其一，他们的社会流动性较大，因此与村干部之间的网络关系具有不稳定的特征。例如，这部分人有的在本乡镇行政系统任职一定期限后调到其他乡镇或上级部门任职，也有的在县级行政机关任职后被提拔到省、市级部门工作。工作地点的变化以及合作机会的减少，很容易导致他们之间感情的淡漠甚至关系网络的中断。其二，由于具有特殊的行政地位与权力，这部分社会人士在一定程度上掌握着农村社区发展所需的各种资源。因此，一方面，在与乡镇干部合作期间，村干部往往比较配合其工作，试图与之建立良好的个人关系；另一方面，一旦乡镇干部调离本地，村干部不仅要时刻关注他们的职位动态，还要主动与之进行不断的联系和沟通以维系他们之间的关系，就是为了后期社区发展的需要。下面，以柳村和杜村为例，让我们看看社区村干部是如何利用其社会网络来获取社区发展项目的。

　　青林县属省级贫困县。2001年在省、市级政策指示下，该县从468个村庄中确定了128个省级贫困村，并由县扶贫局牵头开展了扶贫帮扶计划，要求全县事业单位对贫困社区进行支持，每三年为一个周期。因此，为了获得项目支持，各个村的第一要务便是争夺"贫困村"的头衔，第二要务就是寻求扶持部门的帮助。

1. 第一要务：争评"贫困村"

自市级相关文件和扶贫政策下发后，杨乡9个自然村中的5个村于2003年开始陆续申请到"贫困村"指标。柳村、杜村就是其中的两个。柳村村书记回忆说，他的成功主要得益于县委组织部副部长张宁的帮忙。张宁曾于2000~2005年在杨乡任书记一职。其在职期间因为性格、兴致、爱好等方面与柳村村书记不谋而合，从此他们之间建立了特殊的私人关系，并且柳村村书记在张宁调走后多次主动与之保持联系。2007年冬季，也就是EED第三期项目伊始，柳村村书记凭借个人关系顺利联系上了这位县委组织部副部长，并通过该副部长的引荐，有机会与县扶贫局进行了一次面对面的交流。最终，2008年柳村顺利获得"贫困村"头衔，并于2008年和2009年获得价值10万元和25万元的周转羊与周转牛。与柳村不同的是，杜村找到老家在本村的市卫生局副局长梁开建，并通过这位副局长进一步认识了其战友——市扶贫局办公室主任王某。最终，在两位"市级领导"的帮助下，杜村连续成为2005~2007年和2008~2010年两期项目的"贫困村"。柳村、杜村的案例充分说明了熟人社会下"强关系"网络发挥的巨大效用。

2. 第二要务：寻求扶持部门的帮扶

如上所述，在政策要求下，全县事业单位负有对贫困社区进行定点支持的责任。据村干部们介绍，全县事业单位的数量是固定的，但由哪个单位承包多少个村、承包哪些村则是不固定的。因此，在"狼多肉少"的局面下，各个贫困村不得不通过各种关系主动与单位取得联系并确定帮扶关系，否则权力大、资源多的部门就可能会被别的社区抢先"占有"。于是，一旦申请到"贫困村"的指标，村干部们立即马不停蹄地开始寻找"婆家"。

2008年，柳村申请到"贫困村"的时候，也正是该村EED项目进入道路建设的环节。村干部立即想到通过扶贫单位帮助解决地下水管道更新工程的资金不足问题。于是，柳村村干部迅速找到村里一位叫杨京的普通老百姓。原来杨京的小学老师刘玉英是时任县招商局副主任，而招商局正是扶贫帮扶单位之一。杨京毕业后一直与老师刘玉英有联系，师生关系甚好。村干部就是抓住他们的关系立即与招商局建立了联系。加之上述与村书记交情甚好的县委组织部副部长张宁的帮助，招商局最终顺利成为柳村的包村负责单位，刘玉英为包村负责人。更令人想不到的是，原来张宁称呼刘玉英为"姨"，而刘玉英的丈夫正是该县的副县长，分管农业、林业、水利以及扶贫等方面的工作。这样一来，柳村又和副县长有了联系。于是通过副县长的关系，柳村地下水管建设项目获得了县水利局、扶贫局的大力支持，包括累计 6 万元的现金以及价值 3.4 万元的水管、水泵、阀门等设备；副县长因为"磨不开面子"，也投入了 2 万元的现金支持（见图 3-1）。2009 年，柳村还进一步找到市组织部、市某银行、县交通局、县政府等部门关键人物，为 EED 道路建设项目筹集到共计 10 万元的资金和物质（如水泥）支持。

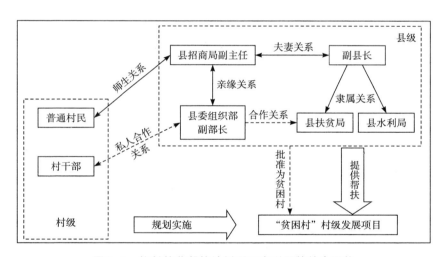

图 3-1　柳村扶贫帮扶计划项目中利用的社会网络

注：虚线箭头表示评选"贫困村"指标所利用的主要社会网络关系；实线箭头表示为贫困村提供发展资源所利用的社会网络关系。

同样在杜村，通过前面提到的本村能人——市卫生局副局长梁开建，该村在第一期和第二期项目中分别获得了来自市妇幼保健院和市儿童医院每年 50 吨水泥和 2 万元现金的支持（分别用于社区水井和道路建设项目）。其间，市委下发文件号召在全市所有行政村和城市社区建立"群众工作站"，并选派近万名干部每月定时进站了解群众意愿和解决实际问题，明确提出负责人要"发挥自身优势，积极帮助引进新项目"的工作要求。在这一利好政策背景下，杜村村干部以此为契机从工作站负责人所在的部门（包括市儿童医院、市妇幼保健院、县水利局、县国土资源局、县电力局等部门）顺利"跑"来了用于支持 EED 文化广场建设与水井建设项目共计 10 万元的配套资金和物资（见图 3-2）。

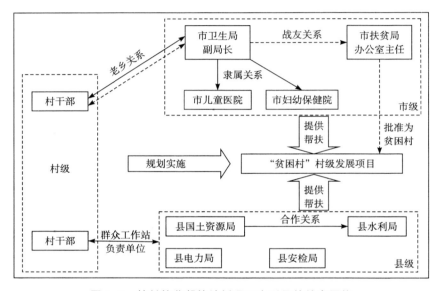

图 3-2　杜村扶贫帮扶计划项目中利用的社会网络

注：虚线箭头表示评选"贫困村"指标所利用的主要社会网络关系；实线箭头表示为贫困村提供发展资源所利用的社会网络关系。

以上由师生、老乡、合作等私人关系构成的乡村社会关系网络，小及县级，大至市级，不仅资源丰富，而且关系错综复杂、纵横交叉。正如费孝通所言，中国乡土社会是一个"一根根私人联系所构成的网络"（费孝通，1998）。在农村发展实践中，这些由强弱有别的私人联系所构成的社会关系网络，组成了促进农村发展的重要支持系统。它们在国家以发展为导向的政策支持框架（如"贫困村扶贫帮扶计划""群众工作站"等）下，克服了国家区域发展规划体系不尽完善、行政支持触角无力直接到达乡村社会的现实困境，通过非正式网络关系不断寻求解决农村发展问题的可行路径，实现了社区需求与国家政策的有效衔接。这些基于私人关系网络的执行实践，不得不让我们为地方强大的发展动力和潜能而赞叹。

第五节　讨论与小结

权力的概念能够帮助我们理解有关错综复杂的界面划分、策略运用以及日常生活抵抗形式等问题（Villarreal，1992）。掌握了村庄权力特征，也就掌握了村庄的基本秩序和行动逻辑。本研究认为，在发展干预过程中，占有绝对权力优势的村干部，实质上在外来发展者与地方村民之间的"中间地带"充当着多重角色。面对外来干预者，他们常与村民形成统一战线，并通过建立信任、公平对比、讨价还价等策略，力图最大限度地从项目方获得项目支持。然而当项目资源进入社区后，他们又与村民形成竞争关系，甚至不惜牺牲村民利益以实现其个人利益。与此同时，作为地方的项目执行者之一，他们还必须按照项目理念与规定对项目实施进行管理。因此，在个人利益驱使和职业道德约束的冲突境遇中，村干部的行为常常是多向的。公共利益与个人利益之间的权衡成为他们行为决策的重心，也是建构多样化项目结果的重要因素；而权力、信息、社会网络以及地方知识与文化则是其施展行动策略的基础。

毋庸置疑，干预项目对地方权力行动者而言是一种重要资源。这一资源的意义，小到关系家庭发展以及个人权力与威望的巩固，大则牵涉到维系社会关系网络和促进社区发展。在项目执行过程中，村干部的行为很大程度上受到其个人利益的驱使。正如费孝通的概括：人有"权力的饥饿"，希望从权力中得到利益，尤其是经济利益（费孝通，1998：61）。村干部这一特殊的社区权力行动者，无一例外地希望凭借其在社区中的政治权力以及项目实施过程中的资源和权力优势来实现个人利益。这些个人利益按重要性排序，可包括经济的、政治的和社会的。受个人利益的驱使，村干部与村民之间、村干部与外来发展干预者之间，常常出现在利益与目标上相矛盾甚至相冲突的现象。为此，村干部必须施展各种行动策略以应对来自普通村民和外来干预者的压力。而这一过程中，其所拥有的权力优势、信息资源优势以及广泛的社会人际网络关系，为其行动策略的有效施展提供了保障。可见，村干部对发展干预项目不是简单地"接受"与"执行"，而是通过不断认识、调整对干预的理解并根据自身需求采取相应行动策略，最终将干预内化到他们的日常生活轨迹中。

村干部"中间地带"的角色特征，为我们提供了更加全面的视角以洞察地方权力集团的行动逻辑。以地方知识为基础的项目管理方案以及由个人关系网络建构的社区发展支持系统，充分反映了地方权力行动者在项目管理过程中的巨大潜能。在乡村熟人社会长期面对面的交流互动中，基于对广大村民心理的掌握，对村落规则、人情面子的有效施展以及对私人社会关系网络的充分调动，地方权力行动者即使在重重困难面前仍能保证项目的顺利实施以及总体目标的实现。这样的执行结果常常被展示在项目报告中，然而关于项目执行过程的上述要素（它们常常是影响项目执行效用的关键因素）却难以展现。因此，对于不了解地方人际脉络关系的评估者来说，仅仅通过简单的申请名单和还款清单判定项目的执行效果，往往并不能真实地了解项目执行效果。相反，我们不能忽视"清单"背后，村干部作为地方政治精英，在促进乡村社区发展的进程中起到的举足轻重的作用。

第四章　村民回应行为分析

　　当占有权力与资源优势的村干部正在干预的舞台上大展身手的时候，那些默默无闻的村民又是怎么看待这些干预项目和村干部的行为呢？很多时候笔者会想，村民是否可能来一次"起义"式的运动以捍卫自己的权益呢？在中国，随着农村问题的日渐尖锐以及村民自治能力的提升，一些农民维权的运动也逐渐开始活跃起来，有关乡村政治的研究也因此将注意力转向农民维权行为。喻卫斌在其研究中总结了当前农民维权的多种手段和方式，包括上访、阻止、抵制、法律诉讼、静坐和示威等，并指出，农民的维权活动有明显的集体行动之特点，甚至参与者之间还有明确的分工以及领导和被领导的关系（喻卫斌，2005）。郑欣（2005）从"国家—社会关系"的视角对村民上访中国家、农民和村干部三者之间的互动博弈进行了分析，展示了上访过程中村民和村干部之间进行的一系列博弈策略，如农民的"吵、缠、闹"，村干部的"禁、堵、劝、哄"，等等。在发展干预舞台上，处于权力弱势地位的村民是否也会采用类似的策略来应对村干部的"剥削"呢？让我们来听听源自村民的声音吧。

第一节　信息传播与反馈

　　村干部采取各种信息控制策略的实践表明，具有信息获取优势的村委会常常是地方项目资源分配过程中的最大赢家。尤其当村干部与村民之间存在竞争关系时（如涉及计算机的落户、周转资金的申请等），村干部通过信息封锁、文本控制等途径来误导或者阻止村民的参与行为，从而为实现个人利益创造了条件。因此，尽管项目方一直在尽力加大信息的宣传力度，但完全消减村干部在其中的阻力因素是不可能的；再加上非正式信息传播渠道存在的失真缺点，最终使得项目目标群体由于不能获得全面、准确的信息而被排挤在资源获取的门槛之外。可见，信息对行动者的决策和参与行为起着非常关键的作用。那么，面对权力行动者对信息的控制，普通村民又是以什么样的方式来获取和传播信息呢？

一 村民视角的信息宣传

1. 以妇女协会为例的宣传过程

2006 年 4 月，基于前期与村委会和部分村民的讨论，项目组决定在柳村以妇女协会为载体运行周转金，并新增生活信贷与文化活动等项目内容。经过无数次讨论并最终与村委会达成一致意见后，项目组要求第二日通过广播和海报的形式向村民进行宣传。4 月 13 日早上，我们刚起床，房东的阿姨便向我们说起早上 7 点广播的事情，并询问妇女协会应在何处报名。走出门外，我们发现海报已经张贴在了村内南街、北街和村东三个人口活动较密集的地方。顿然间，"妇女协会""生活信贷""秧歌队"成了村里的新鲜事，也成为村民谈论的热点话题。我们入住的房东家是信息了解最全面的农户。户主王洪昌是个很有想法的人。他性格爽朗，喜欢看书、看新闻，经常关注凤凰卫视和新闻频道；他知道中央提出要进行新农村建设，他对将来的农村发展表示很乐观；他还通过计算中央的财政投入和农民数量得出：新农村建设将对每个农民投入2000 多元。当听说村里要成立妇女协会和发放生活信贷后，他表示很赞成，尤其对生活信贷表现出较高的兴趣。他说："搞那么个'小贷款'忒方便，也应该收取点管理费。我觉得这个肯定能办起来。"当我们解释说要获得生活信贷必须加入妇女协会，并询问他是否愿意让妻子加入时，他几乎是不假思索地回答："行了，当然要加入了。"

此时在北街，几位妇女正在坐街晒太阳，也正说着妇女协会的事情。

妇女 1（大约 60 岁）：妇女协会报名，你报了没？

妇女 2（大约 40 岁）：是吗？广播了么啊？

妇女 3（大约 30 岁）：广播了，我们北边这儿都听不着，都不知道，去哪报名啊？

项目组成员：啊？你们这边都听不到啊！

妇女们：可不是咋的，这村里的广播喇叭，我们这根本都听不清，有时根本听不到。

村庄另一头同样聚集了一群老人围坐在墙角边晒太阳。他们表示听见了广播里"妇女协会""生活信贷""周转金""秧歌队"等字眼，但不清楚这些具体意味着什么。于是项目人员一一为他们解释。当讲到生活信贷时，周围的村民一下子围了上来，询问什么是生活信贷。此后，我们又在妇女主任家附近的井边碰到桑树奎。他是一个退休工人，曾经当过兵，如今回到村里照看年事已高的老母亲，成为村里有名的"孝子"。他对项目组在村里做的项目很关心，曾经也询问过做这些项目的目的。与他闲聊的同时，周围还坐着几个晒太阳的老人。讲到生活信贷时，他们都很好奇地静静听着我们的谈话，还不时交头接耳两句。桑树奎听到项目组要在村里发放生活信贷，显得很激动，说："这个要能做起来，可真是为村里做了一件大好事。"周围的几位老人也表示"忒好！忒方便！"几名路过的妇女也围了过来，说："谁家短着了就可以借，忒方便"，"向别人借钱开不了口，这个随时都可以借"，"这个真好，真是为咱们老百姓做了大好事了。"

除了海报、广播以及我们的宣传解释外，在这次信息宣传过程中，还有两名妇女发挥着重要的信息扩散和解释功能。一位是北街的代表——王洪昌的妻子曾秀英。由于项目组一直住在她家，常常会聊起项目活动，因此她对这次妇女协会成立的背景甚为了解。一大早，我们就听见她在屋外与坐街的人聊起妇女协会的事。在村民看来，她发布的信息具有很高的"权威性"，也因此周边的妇女大部分在她的带动与宣传下决定加入协会。另一位信息扩散者即该村妇女主任郭素芳。因为参与了 11 日晚上关于周转金回收与生活信贷以及妇女协会的讨论，她对妇女协会的背景及作用同样很了解；加之平日里她家就是一个非正式的

"公共场所"，左邻右舍的村民常常聚集在一起坐街、闲聊，其丈夫同样也直言快语，夫妻两人因此在这次活动宣传过程中充当了有力的"助推器"。就在妇女协会报名当天，许多妇女聚在她家询问起妇女协会的详细情况。当然，曾秀英与郭素芳的信息扩散与解释作用是项目组希望看到的。村广播和海报由于语言简洁、内容有限甚至经过"特殊处理"（参见第三章第一节有关村干部的文本控制与信息封锁等策略），妨碍了村民对项目信息的充分了解，因此这些非正式的信息扩散渠道成为关键。也就是在这个过程中，人们用自己的话语和知识来构建着他们意识中的项目活动，"小贷款"因此成为"生活信贷"的别名。

通过正式、非正式宣传，村民已经准确了解到项目活动的大致意图：只有加入协会的妇女才能够申请和参加周转金、生活信贷以及文艺活动等项目内容。于是，妇女们开始活跃起来。报名当天，共有 66 名妇女提出加入协会的申请，占社区妇女总人数的 20% 左右。此后还有 13 名对信息掌握不全的妇女，在后期与他人的交流中进一步了解项目后也相继加入协会中。可见，对信息的准确掌握，是村民做出相应行为抉择的关键。

2. 正式与非正式的乡村信息传播渠道比较

以上传播过程表明，地方村民获取项目信息的渠道主要有两种：一种是以海报和广播为媒介的正式信息获取途径，另一种则是以坐街、矿厂、集市等社区公共空间为载体的非正式信息扩散渠道。正式信息传播途径虽然具有信息公开性、准确性的优势，但是也存在一些缺点。首先，尽管广播宣传很容易吸引村民的注意力，也能照顾到不同文化群体的村民，但由于社区面积较大、村民居住相对分散，位于社区边缘的村民在信息传播过程中处于劣势地位，这也是部分村民在一些村级事务中被边缘化的原因之一。其次，尽管项目社区的主要公共场合都张贴了海报，但并不是每位村民都能及时路过并获知相关信息，尤其对于文盲比率较高的项目村来说，那些不识字的村民（很多是老人）自然地被排除在信息获取门槛之外。

与之相反的非正式信息传播渠道，正好弥补了正式信息传播渠道的以上缺点。"坐街"，是村里最常见的非正式信息传播渠道。人们在茶余饭后便会自动地聚集到这些地方，不光是为了吹吹风、晒晒太阳，还有一个目的就是了解村里发生的新鲜事，或是把自己知道的信息与他人共享。与村民的长期接触中，我们逐渐发现社区还有一个比较隐蔽的信息扩散地——矿厂。项目村矿产资源丰富，一些中年劳动力（以 30 岁以上男性村民为主）选择在本村或附近村庄的矿厂里打工，于是这些矿厂成为他们谈天说地的最佳场所。此外，麻将桌、集市、串门、电话等也成为村民信息传播的重要途径。与正式的信息传播渠道相比，非正式的信息传播具有速度快、范围广、更深入、更详细的优点。

但非正式的传播渠道最大的缺点，在于信息编码与解码过程中易造成信息丢失、失真或歪曲。例如，项目组计划在柳村的小学校装修三间屋子作为教学基地和村民活动室，却被村民传为"村委会在给农大盖房子住，以后就不住在村民家里了"；有一晚，我们准备观看村民的表演，却被宣传成了"农大学生要演出"，结果引来遥遥数里之外的村民前来观看。这些非正式的信息传播缺陷，也在一定程度上给村民了解和参与项目活动带来了消极影响。当然，信息的扭曲还可能和村庄大小有关。例如在柳村，村庄比较集中、人口较少，信息散播时出现扭曲的可能性就要比村庄规模较大、人们居住分散的村庄（如李村和杜村）低。

二　基于信息的不同回应

尽管信息获取受到重重阻碍，却丝毫不影响村民高度敏感的信息感知能力。他们能够从繁杂甚至支离破碎的事件中迅速找出关键性信息。一旦这些关键性信息引起他们的兴趣和参与意愿，他们将进一步采取主动询问、参与会议讨论以及民间讨论等方式来获取更加详尽的项目活动信息。

1. 主动询问

村民主动询问的对象一般为项目组人员、村干部以及部分关键村民（如项目组入住的房东）。根据不同的项目内容，不同特征的村民主动询问的方式略有差异。以周转金项目和文化广场建设项目为例，村民主动询问前者的频率要远高于后者。这主要与资源特征和农户个体利益有关。作为一种排他性资源，周转金项目涉及单一农户的参与行为以及由此形成的竞争关系，而文化广场具有非排他性特征，农户或村民之间不具有竞争关系。项目资源特征在影响村民参与热情的同时，也表明了村民对家庭经济的高度关注以及发展个体经济的愿望与需求。

村民对排他性资源的关注程度往往要高于对非排他性资源的关注程度，这也使得一些基础设施建设项目只有在施工阶段才被村民广泛知晓（不排除村干部故意封锁信息的可能）。例如，在李村修建文化广场过程中，村会计有一次告诉我们说："老百姓看见广场上堆满了健身器材，路过我家门口就问我是不是农大给支持的。"此后，该村书记的母亲在与我们的一次偶遇中也问道："那些器材是你们农大还是村委会支持的？……我猜村委会才不会做这些事呢。"同年杜村修建灌溉水井期间，常有路过的一些村民询问在场的村干部有关水井的用途、资金来源等；也有的时候，一些村民为了赚取一些收入还会专程找到村委会，希望有机会加入施工队伍中；等等。实践表明，这些主动询问者以男性村民为主，他们对村级事务的关心度和了解程度往往要高于社区妇女。不过，与社区公共建设事务的回应行为相反的是妇女对周转金项目的高度关注。或面对面或通过电话，或询问村干部或询问项目组以及项目组入住户的房东，其主动询问相关消息的形式多种多样。她们对发展个体经济的愿望如此强烈，相比之下，社区公共事务在她们看来似乎只是娓娓动听的空谈，不如落实到户的周转金项目来得实际。

2. 参与讨论

当村民高度关注某一项目活动时，他们还会采取直接参与相关讨论会议的方式获得更准确的信息。周转金项目就是其中最具代表性的例子。根据记录统计和分析，本研究发现在各个村召开的周转金讨论会议上，村民参与的人数均在 25~35 人，比其参与其他项目讨论会议的人数（一般为 10 人左右）高出三四倍之多。要知道在农村，村民闲暇的时间并没有规律，生产劳动与各类生活杂事的处理常常给项目组召集村民进行讨论的计划带来困难。因此，村民参会人数能够达到 20 人次的会议并不常见。多数情况下，项目组更倾向于采取单独访谈的形式了解村民的想法与需求。为了兼顾村民的时间，一些必要的会议也被安排在了晚上 8 点左右，也就是村民吃过晚饭的时间进行。

周转金讨论会议中，除了社区妇女外，也不乏一些"旁听"的老人和男性村民。在宋村召开的一次村民会议中，一位 60 多岁的老大娘引起了笔者的注意：她独自搬来一个凳子，静静地坐在站着的人群中聆听，直到会议结束才肯离去。后来了解到，她原来是替其女儿打听消息的，她希望女儿能够利用空闲时间来发展生产或做些小买卖，但因为当天女儿不在村内，老人只好亲自替其女儿来了解情况。与这位老大娘类似，这次会议过程中还有很多男性村民也参与了进来，一部分还以其妻子的名义报名申请周转金。

除了周转金项目外，计算机管理员的竞聘过程也是其中一个典型的例子。面试当天，不少对电脑感兴趣或好奇的村民通过参与、旁听的形式，不仅目睹了电脑管理员产生的过程，同时也获得了他们今后如何使用电脑的相关信息（见第三章第一节）。总之，村民主动参与会议讨论的行为，主要源自他们对进一步参与项目的期望与打算，还有一些村民出于对村级事务的关心或是对项目的好奇也会参与到活动讨论中。正如在计算机管理员的竞聘会议现场，一位头发花白的老人那句"我就是想来看看电脑长什么样"给我们留下了深刻的印象。

3. 猜测

相比较而言，采取主动询问和参与会议的方式了解信息的村民大约不到社区总人数的一半。还有大半数的村民在信息的传播过程中扮演被动接受和消极扩散的角色。由于地缘、人际关系等因素，这部分村民一般与村干部接触相对较少，或因为年龄、能力、性别、兴趣等因素影响而在村级事务中常常处于边缘化的位置。因此，他们的信息获取渠道一般来自与邻里和亲朋好友间的非正式信息交流。

如前所述，非正式信息传播渠道存在的缺点使得村民掌握的信息往往并不全面，尤其在缺乏主动采取行动的主观意愿情况下，这些村民更倾向于根据经验和传闻对眼前的事件进行猜测。这种通过猜测产生的新信息通常与原信息内容不相符，甚至背道而驰，其结果便是流言蜚语在社区中的广泛传播。例如，2001 年宋村第一轮周转金发放期间正值村庄政治派系斗争进入最激烈的阶段，乡镇领导干部建议 EED 项目组暂缓一段时间发放周转资金，结果导致那些迟迟未拿到周转金的农户因为不了解整个事件过程而将责任推到村干部身上，认为是村干部私自把周转资金扣了下来。2008 年，项目组再次召集该村村民进行周转金的讨论，但因为该村尚未制定出可行的管理方案而不得不又一次取消该项目的实施。不料，村民对村委会的抨击再次在社区流传开来，他们对村委会不信任的历史经验进一步被加深和巩固，甚至他们对外来项目组也失去了信任。可见，村民的猜测与其已有生活经验是密切相关的。每日生活中不断积累的有关干群间不信任的历史经验，使得村民在面临类似事件时常常以同样的思维进行判断，其判断结果有时符合实际，有时却偏离实际。

4. 真假难辨的"不关心"

理论上，村民对干预项目的"不关心"是指由于信息获取障碍、客观智力缺陷（如智障人群），或是由于主观认识限制（如幼童、高龄老人等）以及地理条件限制（如长时间在外务工的村民）等原因而无法关注村级公共事务。换句话说，不关心社区活动的村民理论上应该只占极小部分。毕竟一些儿童也同样了解社区里正在发生的大小事，并能够参与到社区公共活动中（叶敬忠等，2002）。正如笔者曾被李村的一位 9 岁女孩问道："姐姐你今年有多大了？大学里可以穿裙子吗？前几次看到的两个大哥哥这次怎么没来村里？你们来这里做什么？为什么总找我干爹（村书记）说话呢？晚上你去集市（文化广场）上打篮球玛？老人们在大街扭秧歌，你去看吗？"

不过相比较而言，成年人对村级事务关注的表达方式比较复杂。一些村民可以通过主动询问、参与会议以及民间讨论的方式了解项目活动信息。有时候我们也能听到他们"不知道""不关心""不掺和"等回应的言语。深入了解才发现，这些表面上表示不关心的话语并非其内心的真实想法，而是村民对现实存有美好期望却又常常失望的矛盾心理（见案例 4-13 "不掺和"的妇女）。相比之下，不仅这部分村民在言语上表现得较消极，同时这种消极情绪还表现在诸如尽量较少或避免直接参与到村级事务的行动中。与此同时，出于对信息的关注，他们常常能够通过与他人的非正式交流或亲身体验来获知社区中正在发生的大小事务。成年人针对项目复杂的行为和语言回应方式，实际是基于日常生活中各种利益关系综合考虑的结果（见本章第二节）。

三　对同一项目的不同信息反馈

1. "穷人"的反馈

客观上讲，周转金项目是最受村民欢迎，也是最有争议的项目活动之一。该项目向农村妇女提供周期为一年的小额无息贷款，在缓解其家庭经济瓶颈问题的同时，还能促进家庭收入的提高。因此，村民形象地称周转金项目为"借鸡下蛋"工程。

案例 4-1：周转金带来了收益

刘忠英，28 岁，柳村妇女，有一个 5 岁的儿子，丈夫在村里的选矿厂拉矿石；家庭经济状况在村里属中等偏下。2006 年，刘忠英借了 1000 元周转金，养了 15 只母兔，还买了两头猪。同年末的时候，一头猪卖了 1000 元，还有一头准备留着自家吃了；兔子则一共卖了 2500 元。这些兔子和猪都吃的自家粮食或地里的草，因此家庭开支除了看病外，几乎没有别的大开支。刘忠英认为收益很好，并且打算今年继续养兔子，"周转金忒好，给老百姓周转周转，可以发展一些活动，村里人谁能借给你这些钱呢？周转金到日子了，我们就准备好钱。要是不还钱，别人还怎么周转呢？你没有信用，别人以后就不会借钱给你了"。

案例 4-2：周转金缓解了家庭资金短缺问题

薛红丽，38 岁，柳村村民。家有一儿一女，均已上小学。因为家里老人身体较差，其丈夫便留在了村里，以种地、养羊维持家庭生计，在村里属于中等偏下农户。2007 年 11 月，薛红丽买了 2 头猪（大约共重 60 斤，当时价格为 17 元/斤）。但因当时家里缺钱，所以她向卖家赊了 1000 多元的账。这位卖家是邻乡的村民，常到各个村卖小猪，也和这里的村民非常熟悉了，所以村民买他的小猪时常会先赊账后还钱。薛红丽赊了小猪后，正巧 2008 年 4 月申请到 1500 元周转金，于是不但能够提前还上这笔买猪钱，而且有剩余用来买饲料以及支付子女一个月的生活费。等到农历七月初六，薛红丽卖了一头猪，净赚500元；另一头猪准备自己养着过年吃。现在，还未到周转金还款期，她可以用这些钱周转日常生活开支，等还钱的时候，再用养羊赚的钱来还。薛红丽非常感激周转金项目，认为缓解了家里资金短缺的问题，"（周转金）钱少有少的用法，多有多的用法。钱多了可以扩大羊圈，多养些羊；钱少了可以养一头猪，也能赚点钱"。

案例4-3：《农家女》与周转金给失落妇女带来了希望

刘荣玲，28岁，儿子2岁。2008年，因为丈夫在外务工有了外遇，她于9月与丈夫离婚。离婚后，刘荣玲不仅没有了经济收入来源，而且要照顾刚2岁的儿子。村民对此也议论纷纷。"就是因为自己太顾家，如果和他一起出去可能就不会这样了"，刘荣玲对其失败的婚姻进行了反思。后来她说："如果没有你们给的周转金和《农家女》给我树立信心，不受些启发，这次离婚的打击肯定把自己打垮了。""看看人家《农家女》里面的妇女，她们在遇到困难和挫折的时候是怎么面对的，再看看自己什么样，自己就想开了。所以离婚才几天，人家都说跟没离婚一样。看了这些书，觉得自己不比男人差。不能成为别人的奴隶，要靠自己的双手养活自己，要活得有意义，不能总依赖别人，要自强，所以《农家女》给人建立自信心这方面忒好，至少说明自己不是吃白饭的。"离婚后，刘荣玲因为申请到周转金，开始学着养羊，"第一次养羊，卖羊绒拿到钱的时候，心里的喜悦是无法形容的"。对以后的打算，刘荣玲说："想把羊交给舅舅帮忙养着，然后出去打工几年。正好父母现在还年轻，可以帮忙带带孩子。等回来以后有了本钱，就可以养20多只羊了。羊生羔后，羊就多了，不出一年也能收入几万元钱。等那时候再找人一起过日子，或许就不出去了。今天走到这一步，也不能全部抱怨他，也要找自己的原因，解剖解剖自己。"

一般情况下，家庭经济状况较差的妇女对周转金的评价较积极。这些农户一方面收入来源比较单一，另一方面又缺乏足够的资本拓展其收入渠道，因此急需要外界力量提供支持。但受到资源、关系、面子、能力以及各种风险因素的影响，这部分村民获得社区其他农户帮助的机会很少。周转金项目的开展，正好提供了一个解决上述问题的途径。这也是为什么村干部在不看好该项目的情况下，又不得不积极争取它在本村的实施①。从以上案例中我们不难发现，村干部曾经对周转金做出"没有客观的效益，但有客观的名誉"的评价是不完全正确的。刘荣玲的案例——即使只占少数——可充分说明该项目在妇女能力建设方面起到的积极作用。

2. "富人"的反馈

与贫困户相比，经济状况较好的农户则有不同的看法。这部分村民普遍认为资金数额较小、周期太短，不足以支持和扩大家庭生计的发展。

案例4-4：村民对周转金的消极反馈

柳村一男性村民（非周转金使用户）："你们这个周转金吧，这样搞效益不大，一家就那么1000块钱，干不出个啥来，其实群众也不怎么说好；你们还不如拣着有还款能力的，一家多发点，少发几户，这样也能干出点名堂来，也有效益，这老百姓也就都想这周转金，也就都说这周转金好了。要不像你们现在这样，发下去效益也不大，收也不好收。"

杜村一男性村民（周转金使用户）："毕竟是家庭妇女，要是给个4000、5000的不够，还可以从亲戚那里借。这样做大了，妇女的心思就都在这上面了，就会想着怎么去管理经营；你单投几百块钱，妇女的心思就不在这上面。3000、5000的钱可以养羊、养牛，1000多元只能买兔子。可是兔子不好养，很娇气，一不小心就死了；牛和羊给点草就可以不管了，不用喂粮食。4000、5000的也能养老母猪，可是1500只能买两只小羊羔。"

---

① 参见第三章第二节：村干部的"先苦后甜"策略。

杜村一中年妇女（周转金使用户）："你们想法是挺好，为农民着想；可是钱少，还没等赚回本就要回收了。我们也不能因为没回本，就不还钱啊。"

这部分村民的反映不无道理。村民生活水平的提高以及市价的波动，导致同样的金额在第二年便买不到同样多的物品；另外，家庭养殖受到其生长周期影响，如牛、羊、驴等，不能在短期内见到成效；养殖兔、猪、鸡等家禽和家畜也容易因防疫工作不到位而无收益。针对这些情况，项目组也采取了相应的措施，一是调整周转金数额（2006年平均1000元，2008年提升到1500元，其中最高的达2500元），二是延长周转期限（2009年将一年的周转期延长到一年半），三是开展相应的养殖培训，等等。这些调整措施一定程度上满足了村民的需求，获得了部分村民的好评。但即使如此，仍然有村民（尤其是家庭状况较好的村民）认为这些措施似乎并未起到预期的效用，甚至有村民提出上万元的资金申请。

面对部分村民的质疑，项目组再次对项目目标和宗旨进行了反思：首先，周转金是扶贫性质的小额支持，而不是商业贷款；其次，周转金的目的是为大多数确需帮助的村民提供帮助。如果增加周转金的发放金额，不仅受益人数减少了，而且每一户数额越大，风险就越大；在还款周期上，尽管一年或一年半的周期都有合理性，但是时间越长，受益人数也就会相应减少。通过这样的反思和定位后，再结合来自贫困户积极的评价以及村民申请项目资金的积极性，项目组更加肯定了周转金不走"商业贷款"式的道路是正确的。项目组认为，这种项目方式可以让更多的有需求的贫困农户从中受益，而较富裕的农户由于其社会资本和金融资本相对处于优势地位，则可以选择项目之外的方式发展。当项目组将这样的理念告诉村民后，善解人意的村民并没有太多的抱怨，"是啊，我们有我们的困难，你们也有你们的顾忌"，"资金比较少，但是少有少的用法，多有多的用法"，"你们农大这也是好心，说实话，这些年来也给我们办了不少实事，这次村里的老百姓都知道，都希望你们能经常来呢"。

3. "权力弱势者"的反馈

村民对项目、对项目组成员的友好态度，并不意味着他们对项目实施过程表示满意。研究发现，拉关系、讲人情，在许多村民看来是决定他们能否得到周转金的重要途径。这也因此造成了处于权力关系弱势地位的村民的不满情绪。

案例 4-5：积极性受到打击的杜村妇女

2008 年春天在杜村，一位妇女正在河边洗衣服。她已经有 40 多岁了，家里两个孩子一个上学、一个务工，均不在家；丈夫在内蒙古务工，现在家里就剩下她自己和婆婆两人。问到目前家里的收入情况时，该妇女说丈夫给家里寄的钱并不多，也很少回家；前几年，她还在周围的矿厂里打过工，但现在因为要照顾身体不好的婆婆而放弃了该工作。所以总体来说，她家的经济状况在社区里处于中下等水平。笔者猜想在这样的状况下，她应该申请周转金。不出所料，她说，2006 年的时候请别人帮忙写过一次申请书，但是没有批准下来。这一次她也不打算再申请了，原因是"写了申请也没用"。讲到这里，旁边的几位妇女也参与了我们的对话，说，"现在都要靠关系，家里没人，就算写了申请也不会批准的，那还不如不写"。说着这些的时候，两位妇女显得很气愤，"只要和他们（村干部）关系好的话，不管这钱用来做什么都会批准"。

"写了申请也没用"，持有该观点的村民在社区中为数并不少。这样的话语，与其说是村民对申请制度的质疑，倒不如说是对人际关系的无奈。经历失败的申请过程后，妇女失去了信心，无奈地选择敬而远之的方式作为回应。也有的时候，村民直接通过言语向项目组提出他们的建议，"这个（周转金使用户）最好就是你们自己选，别通过村委会，你们直接跟村民签订合同。这样一来，谁也说不了闲话。要是安排村委会分配，（无论）怎么分，都会有人不满意"。很明显，这些言语充满了村民对村干部的不满控诉，透露了其对项目组采取行动以保护大多数村民利益的期望。村民对村干部的不满，常常也会间接造成村民对干预项目乃至项目组成员的怀疑，尤其是与项目组沟通相对较少的宋村村民。在宋村，计算机、周转金、文化娱乐等活动的失败（尽管不能将其归咎于某个单一的因素上），无不让村民失去信心；再与其他 3 个项目村进行比较后，宋村村民很快开始怀疑村干部为民办事的意愿以及项目官员的执行能力。在这种情况下，村民在信息反馈方面便出现了障碍。一些村民在态度上表现得更为消极，不愿意与项目组进行坦诚交流。

以上有关周转金项目的信息反馈，只是村民对发展干预整体回应行为的一个部分，但它反映了村民行为的多样化特征。不同身份特征、资源状况、人际关系以及历史经验等因素，促成了村民对项目的不同看法与不同回应行为。那么，我们应该怎样去理解这些不同的行为回应方式呢？村民多样的行为究竟有何规律可循？

第二节　理性与非理性行为

早在 19 世纪末，一些学者从"经济理性"角度对农民行为特征进行了研究，提出人们的行为具有理性特征，即努力追求个人利益的最大化。之后持批判态度的学者认为，影响农民行为的因素还包括非经济的内容，如生存、安全、道德、习俗等。这些因素是与"经济"相对立的，或者可称作"非经济理性的"。本研究认为，村民对干预项目的回应行为均有经济理性和非经济理性的表现，从经济与社会生活方面而言都具有其合理性的一面。

一　经济理性回应行为

一般认为，中国农村人多地少①的现实状况使大量农村剩余劳动力向城市流动。这种流动是伴随工业化与城市化发展而出现的必然现象。如果从农民角度看则会发现，农民选择外出仅仅是因为"外出务工收入远远比种地收入高"这样一个简单而务实的现状。村民介绍说，在外务工每月能有 3000 多元收入，除去各类开支，这样的收入水平一年下来至少能省下 1

---

①　项目村内当前的人均耕地面积为 1.2 亩。

万元；而在农村无论种植还是养殖，因为受到土地规模、环境资源、市场价格等因素影响，他们的农业活动收入远不足以支撑家庭各方面开支；现在，村民的农业生产主要用于满足其家庭人与畜的粮食需求，倘若将这些农业产出换算成货币收入，它只占到家庭总收入的20%左右。

毫无疑问，非农业收入成为目前农民（至少是本研究项目村内）家庭收入的主要来源。一些具有劳动力优势的年轻村民、男性村民或具有一技之长的村民，往往选择外出务工或做小买卖，妇女和老人更倾向于留在乡村从事农业生产。据初步统计，2008年初，4个项目村外出务工的村民均占全村总人口的1/4左右；若按照户数计算，则有一半以上的农户有外出务工成员。不过，项目村内外出务工所占的比例并不稳定。2002年前后，项目村内矿产资源的开发和利用引来了村民前所未有的关注。这不仅涉及建厂、征地、补偿等大事，更重要的是它为村民提供了难得的就业机会。以杜村为例，其先后建成的3个选矿厂至少为70名村民提供了就业机会。然而，受2008年的奥运会[①]以及2009年前后美国经济危机[②]影响，项目村所有矿厂被迫关闭，村民外出务工的人数一下子又多了起来，其中李村新增了60多人，宋村新增了50多人。

这些宏观经济与社会环境因素给村民的家庭收入带来了许多不确定的因素，村民必须随之调整家庭生计策略以保障稳定的经济收入。在这种情况下，土地的延续以及家庭生产活动的多元化显得尤为必要。有学者指出，农民追求的是产量最大化，而非利润最大化，因此当农业之外的就业机会来临时，农民不会完全放弃农业生产，而是在此之外兼顾经营家庭副业来增加劳动收入（赵红军，2010）；一些欧洲农业研究同样表明，农户主要通过多种经营来保持收入和农业生产的可持续性（Ploeg，2008）。"男人们出去挣钱，在家的不种地，那老百姓吃啥啊"，"看我家里养了2只兔子、3只鸡、2头猪，还有2只鸭，老百姓家里就是这样，什么都得养点才稳当"。这些不就是农民对以上观点的有力回

---

① 奥运会召开前后，国家政府为提倡"绿色奥运"而决定停闭部分污染企业。为此，邻近北京的项目村内所有选矿厂和加工厂暂停生产。

② 经济危机导致铁粉价格大幅度下降，企业为减少亏损均选择停闭。

应吗？当水资源的匮乏影响到农作物产量时，村民干脆放弃小麦，转向种植玉米和红薯，等收获后再拿玉米去市场里换回小麦或大米，"种小麦不如种玉米，忒费劳力，收成还不好，有那工夫我干点别的也行啊"。随着乡村交通与信息系统的不断完善，越来越多的村民又开始计划在自家山地里栽种诸如核桃、板栗、李子、杏、桃等果树，它们甚至成为一些农户的主要收入来源。一位 54 岁的杜村村民很自豪地讲起了他当年的明智决定："1997 年，我承包了队上十多亩地种果树。那时候人们也没想果树能卖钱啊，所以我只花 300 元/年往队里交钱，承包 30 年。每年我往山上种一点果树，现在已经有 300 多棵板栗和 200 多棵核桃了，挂果的还不太多，但今年还是卖了 1300 元，再往后几年就好过了"。

可见，农民是善于计算和权衡的。同样，在我们项目执行过程中，也不乏村民理性思考的影子：生活信贷项目的失败正是村民理性计算的结果——"比银行利息还高"（见第三章第三节）；周转金项目开展之际，不同的村民也开始各自盘算起来："兔子爱生病，娇气，不如养猪划算"，"养牛不行，一年回不来本就得还钱了"，"一头小猪 800 元，想养 2 头可以自己再投入点"，"不好弄，风险太大，赚不回来本钱还得向别人借钱来还你们的钱"，"年初买了猪崽，就没钱给孩子交学费了，借点周转金先给孩子把学费交了，等地里玉米卖钱了再还回去"。当深入村民的理性视角，我们便不难理解诸如生活信贷失败、创新技术在农村得不到推广等一系列我们看似"不理性"的现象。

在 EED 项目执行过程中，对于有关"义务工"的问题同样可以从这个角度来理解。EED 项目要求地方以义务工的形式完成基础设施建设，但在执行过程中我们却发现异常困难。村干部的解释是"老百姓的素质忒低，不好组织"。其实，阻碍村民参与义务劳动的原因当然不在于村民文化程度，而在于新环境下个人利益和公共利益的矛盾。向来，中国农民就奉行"公平"的价值观，无论家庭内的财产分配、赡养支持，还是社区内的资源分配与个人贡献都要讲究"公平"。义务投劳同样要遵守公平原则。但现状是，农村劳动力的外出使农户留在村里的劳动力数量存在差异，甚至一些农户劳动力全部外出，这就使公平的义务投劳存在一定难度。尽管社区里曾出现过以资代劳的状况，但效果并不让人满意，村民间的猜疑和不信任随之而来。村民这种不允许别人搭便车的公平价值观在一定程度上讲，也是一种理性行为。农民不是从自己的收入得失角度来选择合作与否，而是根据与别人收益的比较来选择自己的行动。他们关心的往往不是自己得到多少，而是不能让别人比自己得到的更多（苏杨珍，2007）。这种现象在农村普遍存在。

不过，项目村内确实存在过"义务投劳"的成功例子。但这种投劳程度非常有限——"沙石、水泥都堆在家门口了，谁不愿意修自家门前的路呢"，"要是换作修大街上的路，就没人去了"。这种种行为与其说是"为公"，倒不如说是源自"私"的理性。因此有学者指出，这种极端的私人理性最终导致了集体的不理性，使农民合作难以推进（苏杨珍，2007）。那么，为什么村民偏向于以"私"的理性思维行动呢？本研究认为，除了"原子化"状态下的经济理性思维外，农户还与村干部这一利益群体有密切的联系。仅从第三章关于村干部行为决策的讨论中我们可以看到，村干部的行政资源和权力优势打破了传统的"公平"原则，致使农民利益受损，村干部逐渐失去村民的信任；另一方面，信息渠道不畅通使村民对公共事务的知情度较低，这种"无知"的状态更为村民对村干部的行为创造了无限"遐想"的空间。于是在村民眼里，"公共事务"逐渐演变成"村干部自己的事"；村民与村干部的"对立"逐渐演变成村民"个人利益"与社区"公共利益"的对立。村民不参加义务投劳，实质是村民对村干部不满的一种表现。村干部常常说，"现在的老百姓，都朝钱看，不给钱不办事"。其实，村干部在老百姓的眼里又何尝不是如此呢？

由此可见，当一个村庄没有足够的信任、规范、网络等社会资本来减少和惩罚搭便车行为时，农民便更倾向于以不合作来保护自己的利益（苏杨珍，2007）。同样，当存在个人利益被所谓"公共利益"侵害的可能时，村民更倾向于采取"敬而远之"的行为方式。例如在 4 个项目社区，一些村民为了不被卷入公共领域的是非争端中，宁愿自己花钱买水泵，也不愿意参与集体合作用水管理；当村干部希望提议将项目资金用于道路建设时，村民则更希望将其发放到村民手中用于发展生产；当村干部企图用周转金发展集体养猪场时，村民则认为以户为单位发放更合理；等等。这些行为抉择，难道不是村民理性的表现吗？

二　非经济理性的文化回应行为

除了经济活动外，农民更多的时候是在进行日常人际互动。这些日常行为常常受到社会文化、习俗以及社会道德规范等因素影响。例如在习俗影响下，脱帽、握手、跪拜等行动是出于不假思索的反应。尽管任何人在任何意义上都没有"要求"个人对习俗永远遵奉，但这些行为仍然以一种集体方式在不断地重复、模仿并习惯它（韦伯，1998，2008）。除了习俗，道德同样对人们的日常生活行为有重要的约束作用。如"忠""孝"在中国被视为基础性的道德价值观，一个人若不仁不义、不忠不孝，则会引来社会的指责，留下坏名声；儒家文化强调"道之以德，齐之以礼"，力图通过"德"与"礼"的道德教化来建立社会秩序，使社会成员对自身的社会地位都有稳定的道德认可和道德定位，人们因此循规蹈矩以维系社会的稳定。"礼"好比气垫，虽然里面没有东西，但它奇特地减轻了社会震荡（史密斯，2008）。

中国乡土社会是"礼治"的社会。所谓"礼"，就是社会公认为合理的行为规范（费孝通，1998）。在由熟人关系组成的乡村社会中，"诚信"是大家共同遵守的道德。一个不讲诚信的人要长期生活在村落社会中很不容易，因为他的一言一行都被他人所熟知，"有借有还，再借不难"正是出于此。基于此，这种知根知底的熟人社会也给周转金项目的顺利进行带来了便利，因为不讲诚信的村民首先在申请阶段就过不了管理员这一关（见案例4-12）。在农村社区，道德舆论常常比实际惩罚对个体行为更具约束力，因此，法理社会的"协议"或契约往往在这里失去了效用。

案例4-6："亏本了也要还钱"

赵瑜，42岁，柳村妇女。她有一个上初二的女儿和一个上小学一年级的儿子。丈夫在本村的矿厂里拉矿石，每月纯收入1000元，但2008年工厂停工只能待在家里。赵瑜回忆说，2007年她借到2000元周转金，在农历五月初买了两头小猪，花了1800元。但是在饲养过程中，有一头猪生病死了，只剩下一头。目前到了还款的日子，赵瑜叹息可能收不回本钱，因为现在猪肉价格又下跌了，"大肥猪才5元一斤，百姓活着没劲头啊"。不过她又表示，"农大这个项目好，又不还利息。今年亏本了，到时候想办法也得还。老百姓得讲信用啊!"

我们在周转金未还款户的案例中同样发现，未能按时还款的村民多数因为家庭意外事故而无还款能力（见表4-1），村民普遍对此表示同情和理解。少数因信誉较低而未还款的村民，则在其他村民眼里被认为是人品有问题。

表4-1　柳村2005～2006年周转金未还款户原因

姓 名	性别	年份	资金（元）	未还款原因	资金用途与家庭背景
刘德强	男	2005	1000	瘟疫导致亏本，家庭贫寒，妻子患精神病	用周转金买了两头小猪，因瘟病治疗无效死亡，不但周转金没了，还赔上了饲料钱和看兽医的钱。由于妻子患有精神病，家庭收入主要依靠刘德强一人。家里还有两个儿子，他们因为家庭贫寒均入赘到外村，很少给家里经济支持
崔志山	男	2005	1000	信誉较低	周转金未用于发展生产。前期肋骨摔断休养一段时间后开始打工挣钱，但人情往来、日常开支后已没有节余
刘兰君	女	2006	1000	家庭人口多，丈夫患病欠债	家中老老少少共7口人，后因其丈夫患病欠三四万元债，无奈之下双双外出务工
许丽英	女	2006	1000	丈夫患脊椎结核欠债	用周转金买了十多只兔子，用于发展家庭养殖。后期因其丈夫患脊椎结核，做手术欠下3万元
刘虹娣	女	2006	1500	丈夫患破伤风欠债	本计划用周转金养猪、养鸭，但后因丈夫患破伤风，住院治疗欠债3万元。其间，其儿子结婚又欠下4万元
薛小娟	女	2006	1500	患有精神病，家庭负担重	丈夫以其名义申请周转金后在市里做小买卖，家庭相对贫困，子女上学均依靠助学贷款

"村里什么样的人都有。有些是没有信用，就不准备还，这种人的人品式次。有些人是因为家里得了疾病的，真的是还不了。村里人，有点这疼那疼的，能忍的都忍着，到了痛得实在忍不住了，才去医院瞧病去，一瞧就瞧出了大病，花大价钱也根本治不好的病，这时再去治，钱也花了，债也借了，命也没了。"柳村村书记如是说。

除了道德外，"人情"和"面子"在中国人的人际交往中占有较重的分量，尤其在传统乡村熟人社会中。人际互动常常按照人情、面子展开，而非完全依据经济理性原则。例如，部分村民不愿意借用周转金，原因之一就是认为这是一种有失"面子"的事情，"周转金是针对贫困户的，邻居知道我去借了会笑话的"；也有的村民递交了申请未被批准，便认为是自己的信誉度不够高而"丢了面子"，因此不愿意再申请。"人情"，同样也是指导人与人之间相处的社会规范。在社会交易中，"人情"也常常被视为用来馈赠对方的一种资源。这种资源不仅包括具体的金钱、财货或服务，还包括抽象的情感（黄光国，2004）。在项目村，一个村内或村庄之间的村民，无论家庭贫与富、距离远与近还是关系密切与否，一旦某一家庭有婚丧嫁娶等大事，村民便纷纷赶去"随礼"，少的10元、20元，多的上百元以表情义。这种情义，在维持和谐人际关系和社会网络方面发挥着重要作用。

基于"人情"和"面子"，一些融会贯通的行为也随之产生。当村干部利用权力来支配社区资源从而为自己创造利益空间的时候，村民会给他"面子"而不过分计较，从而维系了干群之间的"人情"；反过来，村民有求于村干部时，村干部需要考虑他们之间的"人情"而给予帮助，也算为自己以后的权力运作留足余地。于是，"人情"这样一个无法衡量的抽象概念，在干群之间通过你来我往的互动，潜移默化地维系着社区微妙的人际关系。正如只针对妇女进行借贷的周转金项目，最终也批准了部分男性村民。这是由于这些男性村民的妻子大多在智力或精神方面有障碍，基于其家庭状况及其发展能力的考虑，村干部自然会手下留情；而村民对此也并没有异议，认为对这种特殊家庭的体谅和照顾是符合情义的。当然，除了对这类弱势家庭的特殊照顾外，也有一些其他的特殊情况。

案例4-7：以他人名义借款

蔡友芝，50岁，一儿一女，女儿在北京工作，儿子在县城上初中三年级。丈夫是村医生。2007年，周转金借款协议上写的蔡友芝借了1000元。当问起她时，蔡友芝脱口而出的竟是："我没有借，我是替别人借的。""是苏新梅借的，申请周转金时，她来我家的，说要我替她写个申请，因为她上一批拿了钱，这次就申请不上。她还需要资金。说是为了给她哥治病。""她哥就是苏志财，他们兄弟几个为他的病借了不少钱。"苏志财，乡司法所干部，柳村人，为柳村村民做了不少好事，是位好同志。但不幸的是于2006年得了肝病，花了十几万元，却治不好病。后来他也不住院了，因为花钱太多还治不好。听到这里，项目组表示很同情，对苏新梅以蔡友芝的名义借钱的事也没多说什么，毕竟她在2008年初就按时将资金交还给了妇女协会。

面对"道德"与"制度"的冲突，作为管理人员也有些无所适从。在村民看来，"情"与"德"，无疑是前者优先于后者。这种基于道德的人情法则在社区的稳定与和谐方面发挥着不可估量的作用。然而有的时候，人与人之间的"人情"互动也会给其他人带来消极的影响。例如，当家庭状况较好尤其是与村干部"关系"较近的农户连年被批准获得周转金支持时，村民便开始议论纷纷，指责村干部，甚至对项目本身产生抵触情绪。案例4-5表明，与村干部没有"关系"、拉不上"人情"的村民往往更容易产生抱怨情绪。不过，村民对村干部的不满并不会通过偏激的方式给予正面抗议。相反，他们习惯于采取"敬而远之"的方式避免造成直接的冲突，伤了彼此的和气。

姓张的支书，电脑搞到他们家了，谁上他家去啊？干部家事情很多，而且人家家里挺干净，去了人家不乐意，虽然嘴上说得挺好的，但是心里肯定不好，去了给你一个脸色看，你去干吗？不去！

村民虽然不直接向村干部表达他们的不满，但也会向村干部表达一些不伤和气但又有关切身利益的想法或建议，以给他们施加一定的舆论压力。例如，当看到别的村开展了周转金活动、建了文化广场、组织了文艺活动、将道路修到农户门口时，村民则会开玩笑地和村干部说，"看人家柳村路修得多好啊，俺们村啥时候能修成那样啊"，"你们去给农大说说，给俺们村也弄个小贷款"，"为什么俺们村里没有（文化广场）呢，别人吃了饭都可以去娱乐什么的，你们是不是也可以跟农大争取争取呢"，等等。

以上分析表明，村民的行为无论在经济还是社会、文化方面都存在着理性的影子。"理性"的实质不在于能否做出公认的"正确"决策，而在于根据自身所掌握的各种资源通过其思维过程做出解决问题的"合理"判断。

三 基于不同认知的多样化行为

在实践中，我们常看到同样的项目活动里，不同的村民在态度与行为方面不尽相同。例如，对于基础设施这类公共建设项目，一部分村民愿意参与到项目规划讨论中，一部分村民则试图通过投劳的形式从项目实施过程中获得劳动报酬，还有一部分村民既不愿意参与项目规划讨论也不愿意参与劳动。在针对社区农户或村民个体开展的周转金、计算机、文娱活动、图书阅读等项目活动中，其回应行为也呈现多样性的特征：他们有的积极主动地参与，有的直接拒绝，有的则处于观望的态势，还有的干脆随大流。针对这些现象，我们不禁会问，为什么同样的事件往往不同的人有不同的回应行为？我们是否能就此推断出某些人的行为决策具有理性，而另一部分人的行为就没有理性？这里，便涉及了"认知结构"的概念。

认知结构，是行动者头脑中的知识结构。个人的认知结构是在学习中通过同化作用、在心理上不断扩大并改进所积累的一种知识结构。詹姆斯·斯科特在早期研究村民的反抗形式（尤其是意识形态斗争）时指出，斗争成立的基本前提就是行动者拥有一个共享的世界观，例如，如果没有关于什么是轨迹、什么是可耻和无礼的共同标准，那么穷人对富人的任何流言蜚语和人身攻击就是毫无意义的（斯科特，2011）。这种从意识形态考察个体行动的方法为我们深入理解行动者的回应行为提供了可靠的视角。毕竟任何一个事物进入地方生活世界中，都需要经过行动者对其进行认识、解构和重塑的过程，而这一过程中正是其认知结构发挥着决定性的作用。

本书对认知结构的关注，并非要从心理学角度探讨个体通过社会知觉、社会印象以及社会判断等途径积累知识的心理过程，而是旨在展示行动者如何通过其认知结构来对发展干预做出回应。在有关周转金项目的案例中我们看到，"生活性周转金"（也称生活信贷）、"生产性周转金"（也称周转金）常被村民理解为"小额贷款"和"扶贫款"（见第二章第三节）。这些话语揭示了村民是如何通过其认知结构来理解发展项目活动并采取相应行动的内在逻辑。在地方行动者的认知结构中，"小额贷款"与"利息"是两个紧密联系的事件。通过理性比较得出生活信贷的"利息"高于银行利息的结论之后，村民普遍采取拒绝参与的回应方式，致使该项目以失败告终；又如"扶贫款"，这样的话语在村民的认知结构中常被定义在"救济"的范畴内，也就是说这是项目方的一种施舍或慈善行为，这也使得周转金执行过程中出现了少部分村民主观上不愿意还款的回应行为。

本研究认为，认知结构对地方行动者而言，既具有共通性特征也存在差异性的特点。共通性，主要表现在由地方知识与文化建构而成的具有共享特征的认知结构（如共同的价值观、道德、规范以及习俗等）。这种地方共通性认知结构特征，在与外来知识和文化相遇时显得尤为明显。项目实施方与地方行动者之间的界面互动过程（见第二章），就是地方行动者与外来行动者之间跨越包括认知结构在内的各方面不连续性的过程。这时候相对于外来行动者所具有的集体文化和地方知识，正是地方村民共通性认知结构的一种表现。

差异性，主要表现在地方行动者的教育程度、个人经历等方面的不同，以及由此而引起在个人兴趣、爱好、观点等方面的差异。例如，同样是周转金项目，对于家庭经济状况较富裕的村民来说，他们更倾向于不参与该项目活动，因为他们并不缺少发展养殖的小额资金；而对于一些贫困农户来说，可能正好与之相反；同时也有一些贫困户因为怕承担风险、对养殖不感兴趣或不善于养殖而拒绝参与该项目，与之对应的富裕户则可能因为具有较强的抗风险能力而更容易申请到周转资金；等等。

当然，认知结构对个体而言并非一成不变的。人本身具有不断学习和调整自我认识的能力，因而个体的认知结构具有变化的特征。这便涉及"经验"这一概念。费孝通认为，决定行为因素的是从试验与错误的公式中积累出来的经验（费孝通，1998），即所谓的"经验理性"。因此，随着时间的推移和经验的不断积累，地方行动者的回应行为也不是静态不变的，而是根据生活实践中不断积累的、新的或旧有的经验进行不断调整和变化的。个人和其他个体或团体通过对其经验的分类、共享、处理和赋予其意义，从而巩固旧有知识或产生新的知识，并进一步对其行为决策产生影响。经验是人类理性的重要组成部分。无论每日生活还是项目实施阶段所积累的经验（这些经验包括个人的、他人的和社会的经验），都将成为影响个体后期行为的重要因素，并促成他们对EED项目的不断建构。

总之，这些具有共通性和差异性特征的认知结构交错在一起，构成了影响地方行动者多样性行动抉择的重要因素。作为外来者，我们不能以自身的认知特征与价值标准去判断甚至约束地方行动者的行为。无论村民的行为在我们看来是理性还是非理性的，它们在地方环境下实质都是"合理"的。下面，让我们详细探讨面对干预过程中的资源分配和人际关系矛盾时，村民是如何做出抉择的。

第三节 由干预引发的人际关系变化

农民社会资本的增加将使他们有可能通过自己的社会网络去调动、筹集开展任何发展创新活动所需的物质资本和有形资本；可以通过网络中其他角色的互动来调动发展创新所需的各种资源（叶敬忠，2004b）。本书第三章第四节关于村干部运用其私人社会关系网络调动EED之外的干预资源案例表明，基于地缘、血缘以及合作关系的私人关系网络为村干部实现其政治的、经济的乃至乡村社会的共同利益提供了可能。在社会资本研究中，这种人际"关系"或"网络"就是社会资本的一种重要形式，可称之为社会关系。它是两者之间涉及亲情、人情和感情的一种互惠交换，尤其当个人需要帮助和支持时，它是一种非常重要的资源（苟天来、左停，2007）。有关中国农村社会关系特征的研究，梁漱溟在早期也对传统社会关系进行了论述。他认为传统中国社会是伦理本位的社会。随后，费孝通以"差序格局"对其做了精辟的概括，即：以己为中心，和别人所联系成的社会关系像石子投入水中的波纹一般，一圈圈推出去，愈推愈远、愈推愈薄（费孝通，1998）。血缘和地缘是这种差序格局的农村社会关系的基础。黄光国则通过对人际取向的研究指出，关系、人情和面子是历来中国社会关系和结构的关键性要素（黄光国，2004）。

伴随城市化和工业化进程速度的加快，农民在价值观和社会理念方面都发生了变化，人际关系也随之有所改变。一些研究表明，中国农村社会在社会变迁过程中，其差序格局的社会关系范围在不断扩大，其内涵也正由情感向理性化方向转变（杨善华、侯红蕊，1999）；也有的研究认为，在涉及利益，尤其是经济利益时，农民仍然是按照血缘的远近来选择关系，而在情感交流、信息传递方面，以血缘和地缘为基础的差序格局已经发生了裂变（朱兴涛，2009）。孙立平则从资源配置的角度对费孝通的"差序格局"做出了回应：中国传统社会中血缘和地缘关系有相当重要的地位，是因为社会中的那些最重要的资源是以血缘和地缘为基础进行分配的（孙立平，1996）。那么，在面临这些外部变迁过程时，原有的社会关系格局是怎样被改变或维系的？以发展干预为例，外部力量与资源的介入究竟使乡村社会关系产生了什么变化呢？

一　以年龄为特征的人际关系

EED项目框架下的秧歌活动，使夜晚的村庄也显得异常热闹。巷道里到处都会响起妇女觅友同去的吆喝，通往广场的小路上行人络绎不绝，就连路边的小商店也会开到很晚。加之文化广场的建成，为村民的文化生活注入了新的活力——儿童嬉戏、青年人打球、妇女跳舞、老年人玩健身设备，还有很多旁观的村民，到处是村民欢歌笑语的影子。如果留意广场上的人群，你会发现，这里面不乏年过古稀的老汉、四处"觅宝"的拾荒者，甚至还有被村民称为疯子的衣衫褴褛的妇女——他们一起分享着村庄的幸福感。

案例4-8：社区老年人对电影的钟爱

2008年4月，我们在各个项目村轮流播放露天电影，引来了不少前来观看的村民，其中老年人表现得尤为积极。在柳村，有一次还没等我们布置好场地，就见一位老大爷端着小凳子过来了。见到我们后，大爷高兴地边打招呼边说："我一听邻居讲今天你们要放电影，就赶紧收拾好出来了，放电影忒好。"在杜村，常常有一位驼背老大爷很早就在场地里守候着。电影播放期间，他一直坐在最前面，目不转睛地看着屏幕，以至于都顾不上和周围的村民说话。同样在李村，有一次项目组还在布置各类设备时，一位老大爷就拿着镰刀过来，默默将幕布前方茂密的野草迅速地除去。后来了解到，这位大爷已经77岁高龄，平时很少来广场，但一到放电影时总会迫不及待地过来看看。他还说他对战争片很感兴趣，甚至询问我们当晚播放的片子是打日本人还是国民党。与这些老大爷的反应类似，老奶奶们对电影也表示热烈的欢迎，"（放电影）是个稀罕，和电视不一样。你们一来（放电影）我就要去看看，凑凑热闹，忒喜欢"。

或许是出于兴趣，或许是出于"凑热闹"，在电影播放过程中，那些提前到场的村民总是老年人，坐在最前面观看的也以老年人为多数。即使是大冬天的晚上，部分老人还会一直坚持到电影结束后才肯离开。这些场景让我们深深体会到农村老年人这一特殊群体对丰富其文化生活的迫切需求。随着项目的开展，2006～2007年，项目村妇女协会的成立以及文化广场相继投入使用，进一步为丰富社区老年人的文化生活提供了条件。晚饭后，以前很难再出门的老人也开始活跃在广场上。

案例 4-9：柳村妇女陈桂荣　41 岁

从文化广场建成到现在（2009 年），我跳了差不多三年的舞，几乎天天都去，尤其是冬天跳着暖和。开始的时候，在你们农大的组织和帮助下学会了秧歌。秧歌其实很简单，音乐基本上是重复的，走的步子很简单，容易学。后来，村主任的姐姐从城里面退休后，回来教给俺们"南泥湾"之类的舞步，还有节奏不快的扇子舞也能学会；再后来，（新任）妇女主任开始教"恰恰"这些快节奏的现代舞。刚开始我们（年龄稍大的妇女）根本跟不上，觉得很难学，学得也比年轻人慢，总觉得自己跳出来也不好看。其实吧，刚开始的时候，越跟不上音乐就越觉得不喜欢跳这样的舞，可是呗，大家也都继续跟着跳，就当是锻炼身体活动活动。后来慢慢跟上音乐了，就觉得没那么讨厌了，也觉得挺不错。学会了第一支舞以后，跳舞就简单了，三个晚上的时间就可以学会一支新的舞。不过就是跳现代舞的时候，还是不太敢往前站。现在，看大家跳现代舞的时候，有能跟上的，有跟不上的，什么动作的都有，忒搞笑，不过心情很好啊。

案例 4-10：柳村头发花白的老奶奶　72 岁

2008 年 3 月的一天，走在村里偶然地遇到一位头发花白的老奶奶。一听说我们是从农大来的，老人就问是不是来搞秧歌队的。原来她也参加了秧歌队。当我们问起她多大年纪时，她反倒笑着让我们猜。看她满头白发，我们说 60 了吧。她笑着说："猜得不差，今年 72 了。"因为前一天晚上我们正好听妇女主任说秧歌队里的年龄最大的都 70 多岁了，于是询问老奶奶是不是秧歌队里年纪最大的那位。不料，老人立即对别人的谈论表现出关切的态度，问道："她们怎么说我的？是不是说我扭得不好？"在我们否定了她这样的猜疑后，老人继续讲到她对秧歌的喜好。她说她喜欢去扭，也愿意去扭，因为可以锻炼身体。可是每次都没有人叫她，都是她独自去的。扭的时候，别人都上前边，她说她不往前挤，就在后边扭，整个秧歌队里就自己是满头白发。谈到扭秧歌，老人兴致很高，眼神也很有光彩，背着的筐也放下来了，似乎已忘了要下地干活去。我们鼓励她去扭秧歌，老人显得很开心，并询问起我们家乡的情况。

村民，尤其是老年人对文艺活动的痴迷是我们事先没有预料到的。同样没有预料到的是，随着村民参与热情的高涨，基于不同年龄的需求差异也相继出现。在妇女协会组织的秧歌活动中，老年人难免会出现反应慢、跟不上节拍等困难，尤其是快节奏的现代舞给她们带来了不小的挑战。于是，几乎在所有的项目村，妇女协会逐渐以年龄为特征分化为"秧歌"和"现代舞"两支不同的队伍。但由于场地、设备、组织者个人的兴趣偏好等因素限制，两大群体的不同需求难以同时得以满足，于是一幕幕青年妇女与老年妇女之间不太愉快的事情（如李村那场典型的"婆媳之战"，参见第五章第二节）时有发生。

在年龄不同而具有感情联系的社会关系中，年轻人需要尊敬年长者，年长者则以一种保护的方式照顾年轻人（黄光国，2004）。这种以情感和伦理来维系不同年龄群体间的社会关系，是中国传统道德体系中的重要内容。本研究发现，由需求差异引发的不同年龄群体之间的矛盾，同样能够在这种道德体系中被双方理性地控制和化解。而且，这些矛盾的化解大多以牺牲老年人的利益为结局。在李村，以婆婆王贵华为代表的老年秧歌队选择主动退出，并竭力对年轻妇女的活动表示赞扬和支持；相比之下，柳村的老年人在面对矛盾时，因为缺少领导者而更多地表现为个体行为，但即使如此，她们也多以沉默和妥协的方式放弃参与活动。正如案例4-10中那位白发老奶奶，其言语表达了她对文艺活动的钟爱和参与热情的同时，也依稀透露了其自身不自信和受到排挤而产生的矛盾心情。最终，老人选择以沉默的方式继续参与活动。

也有的时候，村民会试图借助外部的力量来调和彼此间的矛盾。这使我们外来者有机会更全面地了解干预活动给社区人际关系带来的更广范围的影响与意义。2007年4月的一天，我们在柳村房东家与其闲聊时，房东王洪昌突然说道："我可以代表村民向你们提个意见吗？"原来，前一晚扭秧歌的时候，妇女主任拿出名单，从中挑出了16名扭得不错的妇女进行单独排练与指导，其他的妇女则被晾到一边。被冷落的妇女一般是岁数较大或新加入协会的成员，其舞步自然跟不上要求。这些妇女被协会排挤后，感到愤愤不平，当即离开了现场，并纷纷表示以后不再来参加活动了。事实上，尽管她们表示不愿意参加活动，但心里却仍不愿意放弃。因此，她们特意通过房东——王洪昌向我们传达信息，希望通过我们来对组织者施加一些压力，让其调整组织方式以让更多的妇女参与进来。事后的第二天晚上，或许大家还在犹豫要不要去参与活动的时候，却听到妇女主任和其中一位文艺组织者刘秉阳在路边吵了起来。

> 妇女主任：咱们都为了村里每个人都去娱乐，又不是去演出，这样会闹矛盾。
>
> 刘秉阳：我这么积极，又不是人花钱雇的，我讲的是艺术，要那些人，那些人怎么教她她都不会，我想把这些人分成几批，排出花样。再说我就不干了。

为了告诉大家昨晚的事不是自己的错，妇女主任主动选择了这样的场合与刘秉阳吵起来。而刘秉阳倔强的脾气在村里是出了名的，几位男性村民见状后赶紧上前劝说他让老老少少都加入队伍中来，但最终还是未能见效。这次事件中，妇女主任成功地从纠纷中脱身，然而村民的不满并没能因此消减。房东王洪昌说道："这次没被点到名的，大多数都是'西边'的妇女。"原来，除了因年龄差异形成的矛盾外，以地缘特征形成的利益矛盾在项目执行过程中也正不断地被激化。

二 以地缘为特征的人际关系

在柳村，村民将社区划分为村东、村西和村南3个片区。其中，村东和村西的人口较集中，村南则相对分散且处于村落的边缘。也正因为如此，村庄内部的权力争斗一般都发生在村东和村西。就2006~2008年来看，村东明显占据上风，因为5名村干部中的3名都集中在这个片区，分别是村支书、村主任和妇女主任。尽管此时村西有村会计，村南有副支书，但事实上这两名干部在主要决策方面并没有太多的发言权，尤其是村西的会计，他在村委会的权力结构中处于被严重边缘化的位置，这也就意味着村西片区在村务管理中处于弱势地位。

也许碰巧都是村西的妇女扭不好，也许在筛选过程中确实存在一些偏袒，柳村上述案例中被冷落的妇女大多数是西边人。王洪昌愤怒的语气充满了他对妇女主任的抱怨："她（妇女主任）特别过分，什么都只偏着他们东边的。我们西边的人一点好处都没有""你们把电脑放在她家，我们西边的人意见大了。西边的人都不太喜欢她，谁也不上她家去""她什么好处都想捞，什么好事都是她的，一个人还挣着几份钱。你看吧，她在村里任着妇女主任，还是县里的人大代表，现在还在刘元福的矿上给人做饭，这些挣得就不少。现在电脑也撂在她们家，生活信贷她也是管理员，妇女协会和秧歌队也是她在负责。"项目组反问道：既然村西的人都对她意见这么大，为什么她还总是当选为组长呢？这时房东家的阿姨解释说："村里的人口大多数都集中在东边，东边的人都抱串（团结），他们每次都选郭素芳，她的票就多了。我们西边人心不是很齐，所以西边的人票数都比不过她。"

在柳村，以地缘关系来看待项目资源分配的案例绝对不是偶然和个别的现象，村民居住较为分散的杜村也是如此。杜村，根据地理特征可划分为主村、南庄、南沟和北沟4个片区。其中，主村和南庄处于村庄中央地段（村委会设在主村），分别有85户和48户农户；南沟和北沟则处于边缘的山沟里，故以"沟"命名，分别居住了38户和30户农户。南沟和北沟特殊的地理条件，给村民的日常生活带来了许多不便。以北沟为例，该片区距离主村有7里的路程，村民一般需要半小时的步行时间才能到达主村，因此，除了赶集或其他事务必须出沟外，村民的大部分时间是在本片区度过的；此外，由于地势较高、距离较远，一些硬件设施（如水利灌溉设施、广播设施等）也无法惠及该片区；更重要的是，该片区因为与其他村相接壤，村民的生产、生活常常与相邻的村民具有更为密切的联系，这也给本村村委会实施利民项目的计划带来了一定难度。正是这种地理上的劣势，使得EED干预项目同样难以在这些边缘片区开展。不少北沟的村民向我们反映说，EED的饮用水塔和灌溉水井项目主要是使主村和南庄的村民受益，而本片区村民只能靠附近山上一口水井解决饮水问题；电脑、图书、文化广场等都设在主村，也很少有村民仅仅为了使用它们而专门跑一趟；客观地讲，只有周转金项目能够惠及该片区。

　　然而实践表明，即使是相对"公平"的周转金项目，也难逃村民指责的风险。2008年，该村周转金的发放结果显示，主村、南庄、南沟和北沟片区获得周转金的农户数分别为8户、8户、1户和4户，大约分别占各片区总户数的9.0%、13.3%、3.0%和10.0%。南庄在周转金分配过程中占有绝对的优势，南沟则相对处于劣势，自然，来自南沟村民的抱怨声也最强烈。对此，村干部则解释说："南沟的妇女在传统上就没有养殖的习惯，她们主要以种果树为主，北沟搞养殖的农户也比主村和南庄少。"

　　这种以地缘关系组成的不同利益群体，事实上根植于村民已有的生活实践与历史经验。首先，地缘上的临近往往更容易拉近周边农户的利益和关系，坐街、串门、信息交流以及劳动互助等活动常常频繁地发生在地理上相近的农户间。其次，历史上以"生产队"来划分和管理村民生产和生活的方式，至今仍对村民的日常生活有着重要影响：一方面，这些相对独立的生产队多数是以地理特征进行划分的，从而形成了村民之间以地缘为特征的不同利益团体（例如杜村的1队是北沟，2、3队组成主村，南庄由4、5队构成，南沟则由6队组成）；另一方面，一些村落事务目前仍需要以大队为单位来实施和完成，意味着这种以队为单位的利益共同体至今仍然发挥着作用，尤其对于部分仍掌握着公共财产的生产队而言，这种利益界限区分更为明显。最后，在以村为单位进行公共产品供给的现实状况下，尤其当这些公共产品无法惠及所有村民时，资源的进入使这种以地缘构成的不同利益团体之间形成了一种竞争关系。最终，以地缘为特征的不同群体之间的利益格局，不断在资源分配过程中得到加深和巩固。由此可见，以项目资源形式进入社区的发展干预过程，往往容易成为加剧社区地缘矛盾的助推器。

　　回到杜村，当了解和掌握了该村这种以地缘为特征构成的人际关系格局后，我们便不难理解妇女协会活动在杜村难以开展的原因了。根据杜村地理上的特征与区域划分，该村自新中国成立以来便逐渐形成了三支文艺队，分别来自南庄、主村和北沟。现在，每年正月十五，这些文艺队就开始张罗着在片区内外组织具有地方特色的文艺活动，如"灯会""小车会""小驴会"等。有时候，他们还会到别的村进行汇演，娱乐的同时也能小赚一笔（有关村庄文艺活动历史详见第五章第二节）。与其他3个项目村相比，杜村是唯一具有3支相对独立的文艺队的村庄。之所以"独立"，一方面表现在每支文艺队均由本片区村民组成，相互之间鲜有合作；另一方面，活动所需资金源自本片区村民的捐赠，并且活动过程中所赚取的利润也在本片区内分配。于是，这种独立的组织形式使这些文艺队到外村进行表演时均不以村的名义进行，取而代之的是"杜村某片区"。也正因为这样的独立状态，妇女协会举行的文艺活动在本村的组织过程中也受到这种地理划分的影响。

> "农大组织妇女协会搞文艺活动，主村上就是没人来；庄上爱好的不少，但是不来主村，人家庄上有人撑头。"

村民所谓的"主村上就是没人来"，主要缘于主村曾经在文艺组织过程中因为出现经济矛盾而导致该片区村民对其组织者的不信任。因此，当项目组试图以该片区为主要根据地成立村妇女协会和开展文艺活动时，多数主村村民拒绝参与活动以避免矛盾的产生；另外，本身独立的文艺组织状态以及独特的地理特征使其他片区的村民也不愿加入该片区的协会活动中。最终，妇女协会在杜村实质上只是一个"空壳"组织，不仅其对周转金的发放与管理因为受到村委会的控制而未能发挥作用，同时协会文艺活动组织的失败也使其落得空有其名的结果。

三 以权力为特征的人际关系

第三章有关村干部的行为讨论中我们看到，"权力"给予了村干部支配资源的合法性，同时也造成了乡村人际关系中最为突出和普遍的现象——干群矛盾。村民对村干部的不信任似乎有史以来就普遍存在于中国广大农村社区。大吃大喝、贪污腐败常常被村民看作村干部的典型形象。有学者指出，当前乡村社会信任的总体存量，不管是特殊信任、普遍信任还是制度信任，与改革开放前相比都有不同程度的下降（徐晓军，2001）。村民对村干部的不信任并非空穴来风，而是历经无数次实践后得到的经验性总结。在本研究涉及的项目干预实施过程中，项目组不可避免地要先与地方村委会进行项目上的沟通和协商；当村干部提前获得了相关信息后，他们又会通过施展话语战术、文本控制以及信息封锁等策略来阻碍信息向村民传播，从而造成村民与他们之间在资源分配与受益过程中的巨大差异。计算机的安置、周转金的管理与利用等实践，有力地证明了这些村干部凭借自身权力和资源优势来为个人利益服务的事实；尤其是那些在周转金审核过程中亲见村干部徇私舞弊行为的妇女（见本节下文关于周转金审核过程的描述），更是成为以后人们谈论和评判的重要依据。此外，对信息的不充分掌握也在很大程度上误导了村民对村干部的错误判断，进而加剧了干群之间的矛盾。

在发展干预实施过程中，产生干群之间的矛盾事实上并不是缘于村干部从村民那里夺取了某些利益，而是因为村干部的身份为其增加了与外界接触和联系的机会，并由此获得了相关信息与政策享受等方面的优先权。不过，在村民看来，村干部采取各种策略优先获得资源的行为与侵犯广大村民利益并无实质区别。久而久之，凡是资源分配过程中有不公平的事件发生，对于那些无论在信息获取还是资源分配上都相对处于劣势地位的村民而言，他们都习惯性地倾向于从当权者身上找原因。例如上文提到，有关资源分配过程中出现的以地缘为特征的人际矛盾中，在村民眼里，其地理上的劣势并不是造成其在资源获取中处于弱势地位的根本原因，反而是由村干部在社区中的地理分布情况决定的。

从表4-2可见，无论2006年之前还是之后，主村和南庄较北沟和南沟而言，均在政治上处于优势地位，而这期间开展的无论是EED项目还是从上级部门"跑"来的其他项目，其受益主体均以主村和南庄村民为主。这些实践很大程度上引起了南沟和北沟村民的不满情绪。此外，2006年前后该村村委会成员的变动虽然只在村党支部书记这一职务上，然而这看似小小的变动给村民和社区权力格局带来的影响却是巨大的——项目实施的重点由主村转移到南庄。这不可避免地引来了不少主村村民的抱怨。

表 4-2　2000～2010 年杜村村干部数量在地理上的分布情况

	2000～2003 年	2003～2006 年	2006～2009 年	2009～2010 年
主村	5**	2**	1	0
南庄	1	2	3**	3**
南沟	0	2	1	1
北沟	1	1	1	1

注：**为村党支部书记所在区域，一人兼两职的也以"1"计算。

案例 4-11：村民眼里的村干部

贾静芳，女，45 岁，杜村主村村民。2008 年 11 月的一天，笔者在贾静芳家里闲聊起历届村干部的事情。贾静芳评价说："这一届领导班子不赖（不差），谁当谁好（有好处）。那时候（2003 年之前）张正海当书记，栽树数他栽得最多，（因为）人家当干部呢！"与贾静芳观点不同的是，她的丈夫对现任村干部表示出很多不满，因为村书记是南庄的村民，所以目前正在建设的水井工程也设在了南庄，而他家所在的主村仍然存在灌溉难的问题；此外，南沟和北沟已经铺好了混凝土路，而主村的道路却没一点整修的动静。说到这里，笔者提醒他们今年（2008 年）在主村建成了文化广场，这对主村的村民来说应该是个好消息。贾静芳高兴地说："这个弄得多么好啊！作为一个主村，就算只有 10 户人家，什么事情也要在主村（进行）才行；像敲家伙（文艺队），这个庄一个、那个庄一个，怎么行呢？"随后贾静芳又用比较缓和的语气说："怎么着（无论如何）也有好的有坏的，手指头伸出来都不一样齐，是吧？"此时其丈夫又开玩笑地对她说，"叫你当你能当了啊？"贾静芳笑着回答说："当不了哦，没这个材料。"她的丈夫点点头继续说道："在家把果树管好，多打点棒子（玉米），就是俺们主要任务。"此时，大家都笑了。他们表示，"作为社员不打听村里的事情，只打听大门内的事情"。

客观地讲，在村干部力图最大化个人利益的同时，满足村民需求、平衡干群关系以及稳定社区秩序也是其重点考虑的因素。然而，这些努力对改善村干部在村民心中根深蒂固的形象似乎无济于事。"谁当谁好"反映了村民对村干部这一特殊身份背后的权力运作以及资源优势的特殊理解；相应的，与之具有较强地缘关系的村民能够较其他村民更容易受益，于是村干部的地缘分布在村民眼里是造成其资源在地理上分配不均的重要原因。

第四节　嵌入人际关系中的干预项目

由年龄、地域以及权力引发的人际矛盾，只是社区复杂人际关系全景中的一部分。在项目资源的介入与分配过程中，诸如贫富之间、家族之间、权力者之间以及户与户之间的矛盾均有被激化的可能与危险。2009 年在柳村乡村道路建设过程中，村干部想方设法筹集资金，力图将受益群体覆盖到全村农户，但实施过程中却因为排水问题引起了不少农户之间的纠纷：考虑到雨水季节可能导致地势较低的农户出行不便的问题，一些村民在道路快修到自家门口时，便通过加入建筑队伍或在场监督的方式将自家道路修得高一些。这样，一旦相邻或对面的农户发现这种情况，两家便不可避免地发生口舌之战。

社区敏感的人际关系并不是我们外来干预者能够轻易化解的。相反，外界资源的介入反而容易使村民之间已有的矛盾（如干群矛盾、家族矛盾等）进一步被激化，一些新的、潜在的矛盾（如不同年龄群体间的矛盾）也可能随之出现。不仅如此，在发展干预活动给社区人际关系带来不稳定因素的同时，这些人际关系又会反过来影响干预活动的正常实施。那么，当面临地缘间、贫富间、家族间、权力者与无权者之间，以及不同性别、不同年龄之间可能存在的矛盾时，村民又是如何在发展干预嵌入过程中加以应对呢？

一　会议现场：周转金审核过程

2006 年新一轮周转金审核与发放之际，项目组抽取了来自柳村 3 个片区的 4 名妇女代表参与资金的审核与发放过程。这 4 名妇女分别是张林荣（小学老师）、赵秀兰、曾秀英以及蔡桂云。除了这 4 名妇女代表以及若干项目组成员外，还有 3 名村干部，分别是村书记、村会计以及村妇女主任。在审核过程中，我们首先要求妇女对提交申请的农户进行贫富分类——将这些农户分别划分为富裕、中等偏上、中等、中等偏下和贫困等 5 个等级，其划分标准由妇女根据其社区生活经验进行定性判断；然后再从中挑选出中等和中等偏下的农户作为周转金使用户的备选户；最后针对这些挑选出来的农户，根据其发展能力、还款能力以及是否妇女协会的成员等标准进行资金分配。项目组认为，4 名妇女的参与不仅能够保障审核过程的公正、透明，避免村干部寻租行为的发生，而且可以通过她们向社区村民进行积极宣传，从而消减村民的猜疑与误会。

与其他村民会议相比，周转金审核会议显得严肃而紧张。当主持人念到第一名妇女刘虹娣时，妇女你看我、我看你，谁也不先说话。不知道是因为刘虹娣人缘不好、大家不愿说，还是因为书记的在场影响到妇女发言的积极性。最后经过主持人多次鼓励与尝试后，妇女终于开始活跃起来。例如，当说到张艳芬的名字时，会场上先是沉默片刻，然后赵秀兰开始说到"中等"。这时，小学老师张林荣和曾秀英却有些犹豫，似乎不太赞成。于是蔡桂云紧接着说："她有两个孩子，上学都得用钱儿，应该是中等。"其他妇女可能倾向于将张艳芬划入中等偏上的行列，但听了蔡桂云的意见后又觉得似乎有些道理，于是犹豫了一下最后均点头表示赞同，而此时妇女主任在一旁一直没说话。与对张艳芬反应不同的是，一提到蔡玉林时，大家便异口同声地说到"中等偏上"，没有任何商量地达成共识。原来，蔡玉林的丈夫一直在外做核桃生意，并且生意越做越红火。她家早在 2001 年就新修了一套房子，屋内宽敞、干净，装修条件较其他普通农户明显好些，所以村书记多次安排过项目组住在她家。蔡玉林的女儿和儿子也都在北京定居或工作。因此从经济负担上看，蔡玉林一家几乎没有什么压力。

总之，在整个分类过程中，赵秀兰表现得比较积极，总能在他人之前说出自己的想法，然后再曰其他妇女对其观点进行表态（一般情况下大家都同意她的观点）；年纪稍大的蔡桂云，在评价农户贫富等级时总会考虑到该农户家里是否有上学的孩子、是否有诸如学费等较大经济开支的压力；相比较而言，小学老师张林荣显得有些拘束，总在他人之后发表自己的看法；曾秀英在整个过程中参与得也不是很多，也许是上次周转金使用过后未还款而觉得不太自在的缘故。此时在场的村书记和会计，因为非常清楚项目组对妇女参与的强调，所以在整个过程中除了会计在本子上记录着什么外，他们几乎一言不发。

贫富分类完毕后，接下来该讨论资金发给谁的问题。这时，妇女再一次闭口沉默起来。主持人只好通过询问这些妇女家庭人口、丈夫工作情况等细节问题来打开大家的话匣子，但是效果并不十分理想。这期间，主持人发现申请名单中还有3名单身男性村民，其中一名上午还积极参加了妇女协会的会议，于是询问在场的村民是否应该考虑这些男性村民。没想到妇女仍然不表态，场面非常尴尬。见此状，书记终于插话进来，一下子打破了尴尬气氛。

书记：不是有句歌词说得好嘛，"面对大青山，光棍发了言。光棍有酒喝，光棍有肉吃"。

（大家听后都开怀大笑起来）

项目负责人：有意思！书记，为什么说光棍有酒喝、光棍有肉吃啊？

书记：也没有老婆管他，抽烟喝酒干啥都行啊，一个人吃饱了，全家都不饿了，那不是他有酒喝、有肉吃啊？所以啊，这个钱不能给光棍，就说他们有意见也好、有想法也好，这个第一，他们本身就不属于妇女协会的成员，可以不给他们。还有，他们拿了钱儿，要是赌了、吃了、喝了，到时候他还不上，我们找谁要啊？就他自己，总不能拆他们房子吧！

（书记的话很有道理，妇女连连点头表示书记说得对）

项目负责人：那现在符合条件的只有十几个人，我们现在接着按她们的贫富状况来确定一下谁该给、给多少吧。我们要优先考虑中等和中等偏下的，她们分配好了后，有剩余的再考虑考虑中等偏上的，大家看怎么样？

（这时候，妇女你一言我一语地小声讨论开了）

赵秀兰：写了申请书，又是妇女协会的，就多少都给点儿吧，可以先满足中等和中等以下。

项目负责人：那书记您觉得这样行不？

书记：行，应该都给考虑，这个不管多少，应该都有点儿。

张林荣：看看那些钱够满足他们的要求不？

就这样，有关资金分配的讨论顺利展开，其讨论结果是大部分合格的村民都可如期获得相应的资金。针对一些特殊情况的村民，妇女也给出了相应的处理办法。例如在讨论到康秀敏时，妇女反映说这名妇女已经外出打工，建议此次周转金不考虑她；而另一位叫崔友林的男性村民，他的妻子患有智障，不能加入协会也无法提出申请，但崔友林是个很有想法、很积极的人，也比较踏实，因此建议将康秀敏申请的资金转给崔友林。最后，在接近尾声的时候，村书记突然说道："应该把薛桂云给加进去，她也肯定会还的。"项目组随即指出，因为薛桂云不是妇女协会的成员，按理说不在考虑范围内，所以建议让这名妇女加入协会后第二年再申请（实际上薛桂云是位老年人，并不符合申请条件）。这时候，妇女也在一旁小声说了几句，而书记继续说道："那我们可以现在让她加入进来，这样再发给她就可以啦，她儿媳妇不也是妇女协会的么？"村书记突如其来的要求让项目组一时没反应过来，在场的其他妇女也突然安静下来。既然书记的话已经说到这样的地步，项目组也不希望因为这件事情而伤和气，于是决定将薛桂云加进周转金使用户的名单中。

二 过程分析：社区人际关系的维系

周转金审核过程充分给予了妇女参与决策的权力，妇女的行为也经历了从最初的不适应到后来积极参与讨论这样一个逐渐调整与适应的过程。这样的讨论过程同时也让外来干预者感叹妇女的周详考虑——家庭经济开支与收入状况（如子女的教育开支和丈夫的务工收入）、困难户的特殊情况（如患有智障的妇女）以及村民的生产生活现状（如是在村内还是村外），都成为评判能否获得资金支持的重要依据，充分体现了妇女的参与能力和判断能力，其结果也基本达到项目组对公正、透明的预期。

但是不难发现，妇女参与的积极性并没有完全得以发挥。当讨论到富裕的农户时，她们往往显得有些犹豫，不急于表态；进入资金的分发阶段后，妇女又回到起初沉默的状态。这种微妙而紧张的气氛让在场的我们也颇感压抑。后期实践进一步证明，妇女出言谨慎很大程度上缘于她们对资源分配过程中可能恶化社区人际关系的种种考虑。

1. 村民关系的维系

案例4-12：杜村周转金管理员赵静玲

赵静玲是杜村周转金管理小组的成员之一，也是该村南沟片区的代表。据她回忆说，当初大家主要出于她家已有的养殖规模（大约养了60只羊）考虑，才推选她为其所在片区的代表，并同村干部和其他生产队的代表一同参与了两轮周转金的审核与发放过程。但在她看来，周转金管理人员并不是什么好差事，反而常常会"背黑锅"。原来，2007年，该片区的一位妇女杨桂莲提交了周转金申请书，但并未获得批准；2008年，她第二次提出申请后仍然未果。于是，杨桂莲向别人打听为什么自己连续两年申请都没有被批准，"不是说今年没有的下一年会考虑吗？"当她被告知该片区的所有申请户由赵静玲负责时，便找到赵静玲问个究竟。赵静玲解释说："我只管收申请书，由谁决定还要由大家一起讨论才能决定。"而事实上，赵静玲很清楚当初杨桂莲没有被批准周转金的主要原因在于她的信誉度较低，"平时借了钱就不怎么会还钱，大家忑不信任她"。当初在场的所有人员一致认为不能通过的结果，现在却被当事人归咎于赵静玲的责任，因此赵静玲感到很委屈，于是说"当管理员没什么好处，容易招惹是非"。

案例4-12表明，为了避免由管理员身份引来群众的不满或指责，赵静玲常将自己定义在"配角"的位置，不愿意过多地参与到资源分配的决策过程中。然而站在不了解审核过程的其他村民（尤其是未能获得资金批准的村民）角度，他们则倾向于将自己失利的原因与审核员的权力运作相联系起来；尤其在看到诸如上述案例中村支书提到的薛桂云这样本不在考虑范围内的村民反而得到支持后，他们更是坚定了自己对管理员权力滥用的猜疑。这样的结果不可避免地让管理员有一种"背黑锅"的感觉。于是在以后的审核过程中，她们常常通过尽量少参与、不参与审核过程或者主动向村民解释等方式来与村委会划清决策界限，以此避免造成村民之间的误会与矛盾。也正因如此，无论在柳村还是杜村，由普通村民构成的周转金管理小组在周转金的审核与管理过程中并未发挥实质性的作用。这其中除了有对村委会的权威势力与利益冲突的考虑因素外，妇女自身试图通过责任规避的方式来消减群众矛盾的心态也是其中不可忽视的重要原因。

现在，当我们再次回顾周转金审核过程中妇女的回应行为时，便不难理解她们的谨慎态度了。项目组将审核标准限制在农户家庭经济水平为中等和中等以下，意味着妇女对农户的贫富排序结果将直接影响农户获得支持的情况；出于维系社区人际关系的考虑，妇女最希望看到的结果就是所有申请户都能够获得批准。于是，每当讨论到较富裕的家庭时，她们往往通过一段讨论来尽可能地让这些申请户"符合"申请条件（关于这一点，前文周转金审核过程中，富有经验的蔡桂云老人表现得格外突出）。同样在金额分配阶段，妇女也对项目总金额表现出高度关注的心态，毕竟总额越少，被淘汰的农户数量越多，激起群众不满的可能性也就越大。最终，妇女经过私底下的讨论后向项目组提出建议："写了申请书，又是妇女协会的，就多少都给点儿吧。"这再一次将"公平原则"放在首位。最后，当涉及资金数额以及单身男性村民的取舍等敏感问题时，妇女又开始沉默起来，等待村委会做决定。可以看到，整个审核过程中，妇女并不偏向于某一具体的农户，而是站在大多数村民的角度来争取资源。这种中立的态度实质是对自身进行保护的有效途径，毕竟在场的其他妇女者将成为以后散播信息的重要源头。与此同时，妇女对自身角色的范畴化也是促成其谨慎言行的重要因素（参见第二章第四节)。这种角色的范畴化表现在对普通村民和村干部两者身份角色的划分,对村干部决策权力的认同与遵从成为指导村民行动规范的准则。

2. 保持干群关系的"安全距离"

尽管社区村民之间流传着大量抨击和指责村干部的话语,这些抨击与指责却常常是隐晦而谨慎的。村民对当权者的不满并不会轻易转化为行为上的直接反抗。到目前为止,除了杜村张正滨、张正海这些具有特殊身份的村民外[①],我们很少见到有村民以任何直接反抗的形式来回应他们对当权者的不满。大多数情况下,村民反而采取"不掺和"的方式与村干部或者社区公共事务之间保持一定的"安全距离"。如案例 4-11 中,贾静芳一家为了"不掺和"到村里有关水费[②]的事务中,索性花了1000 多元在自家安装了一个潜水泵用于饮用和灌溉,"这个交钱、那个不交钱,这个说东、那个说西,(我们)犯不上,自己弄一个谁也不说,还方便,村里人没电就吃不上(水),我什么时候想吃什么时候就有"。表示"不掺和"的村民,事实上多数与村干部之间没有较强的亲缘、人缘或地缘关系。这就导致他们在资源获取中处于劣势地位,他们对村级事务也往往更容易表现出消极的心态(如案例 4-13)。

案例 4-13:不愿"掺和"的妇女

赵金芳,柳村妇女,50 岁,有 2 个儿子,大儿子在村里开小卖部,小儿子在北京工作;赵金芳的丈夫已 54 岁,4 年前(2004 年)在外地金矿工作,后来因为脑血栓而退休在家。目前,赵金芳家庭收入主要依靠其丈夫每月 600 元的退休金以及儿子给的补贴。赵金芳说她的生活不是很好但也不坏。从房屋装饰来看,除了铺上地砖外,其他的家具并不多,在村里应当属于中等水平。谈到周转金的问题时,赵金芳表示她从未申请过周转金,并且自己的儿媳也没有

---

① 参见第三章第一节,第五章第一、三节。

② 关于水费问题,村民之间有很大的异议。一方面,有的村民认为自己消费的水量和电费用量不成正比;另一方面,村干部采用隔天放水的办法以节约用电,引起了村民的不满。村民认为自己缴纳了电费却还要受到限制,因此对村干部的做法表示怀疑。

申请过，理由是"我们不掺和这些"，"申请周转金忒复杂，没有钱拿什么还？"笔者解释说周转金用来发展家庭养殖，赚钱了就可以还，为什么就说没有钱呢？她进一步补充说，用周转金的人中有不少人抱有挪作他用的想法。因为挪作他用而不是用来赚钱，当然有很大可能是没钱可还的。说到这里，她不愿意继续聊下去，"这些事情不愿去掺和，因为我们又没有关系"。当问到是否知道周转金的管理人员都有谁时，她表示"不知道"。可以看出，赵金芳对周转金持有排斥的态度。在她看来，只要与村干部有关系，无论将资金用作什么都无关紧要；对于像她这样没有任何家庭背景的妇女来说，她们宁愿依靠自己的子女给一些生活补贴，也不愿意"掺和"到这件事情中。

村民行为上的不参与，实际是基于维系干群和谐关系以及社区日常生活秩序考虑的理性抉择。詹姆斯·斯科特在对东南亚农民反叛与起义的研究中曾提出，贫困本身不是农民反叛的原因；只有当农民的生存道义和社会公正感受到侵犯时，他们才会奋起反抗，甚至铤而走险（斯科特，2013）。随后，他在《弱者的武器》中进一步描述道："穷人为获得工作、土地和收入而奋斗……通常他们用以达到目标的典型手段既谨慎又现实。当直接对抗地主或国家看起来是徒劳之举时，他们就会避免这种对抗"（斯科特，2011）。在中国的广大农村，随着社会的发展与转型，乡村各种矛盾开始凸现，上访成为农民捍卫自身权益的重要渠道。尽管目前从全国范围来看，农民上访的案例在不断增加，然而顺利利用信访渠道"依法维权①"并非是件容易的事情。不仅过程漫长，而且自上而下权力网络使得以法律维权不仅要考验农民的胆识与耐性，还使他们必须面对操作上的技术困难。

---

① 在李连江和欧博文看来（参见《当代中国农民的依法抗争》，载吴光国《九七效应》，太平洋世纪研究所），"依法抗争"是以政策为依据的抗争，通过诉求上级政府的权威来对抗基层干部的枉法行为，进行有关集体具体利益的抗争。但在应星看来，"依法抗争"不仅仅是依据法律或政策在法院外进行的抗争，事实上法院本身也可能成为群体行动场域的内在组成部分，因为实践中司法救济与非司法救济常常被农民交替使用。

因此，无论从权威、社会关系与资源，还是从个人知识与能力等方面相比较，普通村民采取铤而走险的途径与权威者进行面对面的对抗显然不是明智之举。相反，与村干部维系良好关系和保持安全距离才是最务实的行动策略。毕竟，村民和村干部还将长期生活在同一社区中，无论是在社区生活琐事还是国家政策的实施中，两者之间都存在着相互依赖的关系。正如何绍辉在其对湘中农民维权行为的分析中指出，农民的维权实践中更多的是一种隐性维权，它不仅受"权力—利益的结构之网"阻隔①，而且受到农民自身日常生活理性与村庄生存规则的制约（何绍辉，2008）。吴毅同样指出，"农民在官民博弈中一般采取忍让而非诉愿的态度，即使诉愿，也尽可能留下回旋的余地以为诉愿后官民关系的修复留下后路"（吴毅，2007）。也就是说，基于同处共生的日常生活网络关系以及纷繁复杂的权力与利益网络的考虑，村民在通常情况下倾向于以隐性、被动的行动方式来处理干群关系。这里也再次印证了费孝通关于乡村"无讼"的论点。

当然，村民表面对村级事务的不关心和不参与并不能代表其内心真实的想法。案例4-11中贾静芳一家称"作为社员不打听村里的事情，只打听大门内的事情"。实际上，村民对村内发生的事情了如指掌：他们不仅知道目前南庄在打井、南沟和北沟铺了混凝土路，而且也很清楚本村电脑放在了谁家，等等。可见，村民对村庄事务并不是不关心，他们通过亲眼所见或与其他村民的信息交流进而能够掌握社区内正在发生的大小事务。有学者指出，农民的这种冷漠和"无知"是一种对有限的知识与信息约束进行理性妥协或适应的方式，因此也是"理性小农"的一种表现。"理性无知"的内心深处是极高的参与欲望（王茂美，2008）。

尽管面临纷繁复杂的矛盾，但和谐的人际关系（无论村民之间还是干群之间）仍是乡村日常生活的核心与基础。这里，我们看到了乡村共

---

① 根据吴毅的定义，"权力—利益的结构之网"，是指改革开放以来，乡村社会虽然不断被市场和法制因素所渗透，但由官权所推动的单向度改革会强化权力运作社会资源的能力，从而使社会分层和流动明显弱于城市的基层乡村，呈现出以官权力为核心来配置社会资源与编织关系网络的特征。

同体下的"礼治"社会。对农民行为特征的理解，不能完全依据个体心理或纯粹经济理性来进行解释。他们的日常生活离不开与之朝夕相处的邻里街坊，离不开社区成员共同建构的村落文化与规则。世世代代积淀下来的文化塑造了地方农民特定的思维模式，维系和谐的社区人际关系被地方行动者看作是重要的"道德修养"之一。然而不能忽略的是，随着工业化、城市化及全球化的不断推进，乡村文化不可避免地受到外来文化的影响与冲击，村民的思想、价值观以及行为也会随之受到影响。目前，青壮年劳力外出已成为农村普遍现象，农村家庭原子化趋势也愈加明显，村民对公共事务的关注度下降，同时社区人际关系也愈加脆弱和复杂。较之以往，发展干预面临着更多的挑战。

第五节　讨论与小结

学术界有关农民行为特征的研究主要有两大派别。一是古典经济学派的"理性小农"观点。例如，西奥多·舒尔茨在其《改造传统农业》中论述道，自然经济下的小农是冷静而理智的，他们的行为和思维活动如同企业家和资本家那样善于逻辑分析和价值判断（舒尔茨，1964）；波普金进一步在其《理性的小农》中指出，小农如同资本家，他们可以在权衡长短期利益与风险后，以追求利益最大化为目标做理性的选择（Popkin，1979）。与"理性小农"相对的是另一派批判性观点。他们认为，农民经济行为的目的不是追求效益而是生活，农民的经济行为或生产劳动不能简单地抽象出标准一致的诸如投入、产出、效率等经济概念。例如，恰亚诺夫对革命前的俄国小农进行研究发现，小农的家庭式农场生产，其主要目的在于满足家庭的消费需要，而不是追求利润最大化（徐建青，1988）；斯科特的"道义小农论"同样认为，农民的经济行为不是在追求经济收入最大化，而是在维持"生存第一"和"安全第一"的最低生存保障（斯科特，2013）；罗伯特·西蒙则认为，人的行为具有理性和非理性两种特征：在信息充分、可选参数穷尽的理想状态下，人总是追求利益最大化，但现实社会中，个人决策往往受到众多因素影响，因此看似非理性的选择实际上是在特定条件下的"满意最大化"或"效用最大化"（潘峰，2006）。国内学者秦晖在对封建时期中国农民的研究中同样描述道，自给自足的中国宗法农民生活并不利于农民进行逻辑运算和抽象概括，支配他们行为的往往不是理性逻辑，而是习惯和本能（秦晖、苏文，1996）；黄宗智对分化中的小农经济进行了综合分析，并将小农表述为一个既追求利润，又维持生计，同时还是受剥削的耕作者（黄宗智，1986）。

那么，发展干预过程中农民的回应行为究竟是"理性"还是"非理性"的呢？在下结论之前，让我们先看看"理性"的概念。从社会学角度讲，费孝通认为"理性"的内涵就是"人依已知道的手段和目的的关系去计划他的行为"（费孝通，1998）；也有学者认为，"理性"实质是一种思维方式，即在思维过程无矛盾性的基础上进行抽象分析与逻辑建构，它与具有神意的宗教神秘主义、凭感情的浪漫主义以及依赖感官的直觉经验主义等相对立（秦晖、苏文，1996）；还有的认为，"理性"就是要求行动者对任何选定的行为结果的可能变化做出正确的评价（潘峰，2006）。综上所述，本研究认为，"理性"作为一种思维方式，是行动主体基于自身所拥有和掌握的知识、经验与信息，并根据具体的文化环境而做出的行为判断。因此，"理性"既受到客观条件的限制，也受到主观认识的限制。

本书通过对发展干预介入过程的研究发现，在面临外来干预事件时，村民的回应行为呈现出"集体一致性"和"个体差异性"两方面特征。道德、权力、人情、面子、人际关系等等，是村民共享的文化与行为规范体系，指导着村民无论在经济还是日常生活领域的"集体一致性"行为。而个人经验、信息、资源、能力、兴趣、认知等方面的差异，使不同特征的村民有其不同的回应方式（见图4-1）。这其中，"人际关系"和"信息"是影响村民对干预项目回应行为的两个重要因素：在信息充分情况下，村民通过采取相应行为更容易实现自己的预期目标；也有时候，村民更偏向采取非经济理性行为以维系稳定和谐的人际关系。作为外来者，我们不能自以为是地用自己所认为"理所当然"的标准，来判断农民的行为究竟是"理性"还是"非理性"的。若是从地方行动者视角看，所谓经济的非理性行为，从社会文化角度看又能找到"理性"的理由。

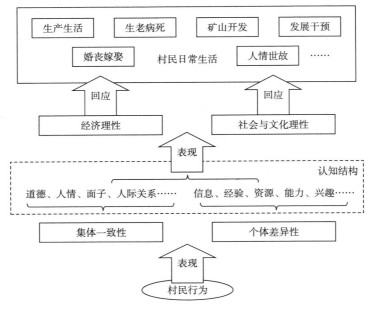

图 4-1 村民回应行为特征分析

本书认为，发展干预的介入给村民带来了资源，然而它如同一把双刃剑，在促进社区发展的同时，也给社区带来了一些不和谐的因素。这其中，人际关系是人们关注的焦点。由于村民在信息获取方面与村干部相比明显处于劣势地位，因此以血缘和地缘为纽带构成的人际关系网络在资源获取方面发挥着重要作用。这样的关系网络常常以村干部（尤其是村书记和村主任）为中心向外扩散。其结果便是处于网络边缘地位的村民更容易产生抱怨和不满情绪，人际关系愈发显得紧张。不过，这些矛盾与摩擦最终能够在村民的日常生活中被悄无声息地化解——老年人谦让年轻人，村民忍让村干部，村干部反过来又会为村民提供帮助——发展干预的回应过程反映了地方行动者如何以"礼"维系原有的或建构新的均衡人际网络关系之过程。我们不得不感叹扎根于乡村文化的社会实践在稳固乡村社会结构中巨大的力量。

最后，项目的干预只是村民日常生活中微不足道的一部分。生产生活、矿山开发、婚丧嫁娶、生老病死、人情世故等琐事，才是村民日常生活的完整图景。村庄有其根深蒂固的传统文化与社会规范，人与人之间遵循着地方独有的一套交往规则。这些文化与规则根植于人们每日生活实践。村民能够运用这些地方特色的实践文化来解决其生活中遇到的各类问题，同样也可以用来应对不断变化的外部世界。

第五章　变化的项目执行过程

　　传统政策模式认为，一个项目从计划到实施在"时间"和"空间"上都有明显的界限划分。例如，为了辨认目标群体，我们需要对不同群体进行"空间"上的划分；为了进行评估和总结，我们需要对项目进行"时间"上的分隔。诺曼·龙等指出，将干预限制在项目模型的时空格局中的做法，很容易造成对干预含义的曲解。因为地方行动者可以持续地从目标群体或特定项目活动之外的他人身上学到不同的反应、策略以及经验。正如诺曼·龙等人指出的，人们加工处理他们自己对"项目"或"干预"的经验，建构自身对经验的回忆，并在其社会网络中考虑到其他群体的这些经验（Long & Ploeg，1989）。因此，我们不能忽略历史环境的因素而静止、孤立地看待发展干预。实践中，发展干预既没有很明显的起点划分，也不像评估报告中所定义的项目"结果"那样有终点。

　　至此，本研究仅通过村干部和村民行动的策略来静态理解项目的执行过程与执行原理显然是远远不够的。发展干预活动进入的是地方行动者持续而多样化的日常生活，行动者之间的互动行为以及他们对发展干预解构与重塑的能力，暗示发展干预必将是一个动态和变化的过程。因此，本章内容将对发展干预的理解置于地方行动者持续的每日生活以及宏观的社会环境背景中，考察干预活动是如何在连续的"时间"与"空间"中不断发展与变化的。

第一节　电脑利用的变迁过程

一　空前高涨的学习热情

我们不会忘记电脑刚进村时村民那股好奇的热情（参见第三章第一节）。当电脑在农户家安顿下来后，项目组开始筹划起培训的事。这期间，还有不少村民向项目组和村干部打听电脑究竟放在了谁家，希望参加电脑培训活动。预料之中的是，每个村在培训当天都来了不少村民，其中以年轻妇女和学生为主，还有一些前来看热闹的老年人，使整个培训现场异常热闹。数次培训后，村民学习电脑的积极性空前高涨。其中，"打字"成为村民最感兴趣的内容，并由此掀起了一股学习拼音的热潮：每个村的电脑操作室都不约而同地张贴了一张超大字号并配有图画说明的汉语拼音表，甚至有人建议重温小学生的语文课本；当项目组提议村与村之间组织一次打字比赛时，村民更是激动地表示有信心战胜其他村的村民。在柳村，前来参与的人把妇女主任家挤得满满当当，对电脑的好奇和学习热情更不用说。除了培训外，白天也常有村民自发来学习。仿佛一夜之间，妇女主任家成了村民聚集的阵营。

柳村第一天的培训结束之后，妇女主任显然发现电脑的培训和使用能给她带来更高的声望和凝聚村民的力量。在之后的几天，不管项目组是否安排，她都会准时在晚上 7 点通过村里的大喇叭召集村民去她家参加培训或其他文艺活动（妇女协会活动内容）。当很多村民表现出学电脑的积极性和较强的领悟能力时，妇女主任不得不先人一步掌握更多的电脑操作技术来维持她刚刚坐上的"知识权威"的位置不被撼动。为此，她私下里多次向项目人员请教电脑的使用技术，比一般村民的求知欲更高。1 年后，妇女主任已经能够通过电子邮件的方式，向远在北京的项目组汇报村里项目的进展情况（见案例 5-1）。

案例 5-1：柳村妇女主任给项目组的第一封信

＊＊你好：

你的邮件我以（已）收到，我代表我们全体村民向你们至（致）以崇高的敬意和感谢。

关于周转金我们已经把人员都定好了，单等你们的资金一道（到）我们就放下去，生活信贷也已经开始了。人们主要是用在买种子化肥和农药等方面，阅览室的图书我们也已经放好了，我们把所有的图书都做了记录和登记，你就放心吧，至于文化广场的设计和预算正在进行当中，等我们的预算出来以后我就给你发过去。

关于周转金我们商量了一下，想让村民们养獭兔，你是不是可以给我们联系一些种（养）兔资料，你可不可以联系一下谷子林教授给我们找写（些）獭兔的好品种，另外你能不能把谷子林教授的培训刻录成光盘，这样就方便了每个村民让他们自己借回家中，这样更方便些。好了，就聊到这吧。有事在（再）给你发邮件好吗？

再见

柳村郭素芳
2007 年 3 月 27 日

与柳村的妇女主任一样，李村的会计、杜村的妇女主任也纷纷学会了用电脑发送电子邮件。尤其李村年近半百的会计给我们留下了深刻的印象。平时与会计的长期接触，让我们发现他是一个聪明、好学的村干部。记得项目组初次认识他的时候，他还不会用手机发送短信。看着我们人人拿着手机摁来摁去，会计很是好奇，并询问我们操作方法。让我们吃惊的是，不到一周的时间，他便学会了。同样，电脑培训后，李村会计成为全村第一个学会打字的人。2007 年初，会计写来了两封邮件以表达其学习的热情（见案例 5-2）。

案例 5-2：2007 年李村会计给项目组写来的两封信

信件 1：

＊＊：你好

电脑的学习，说实在的，我是下了功夫。但是我的知识只有小学文凭，加上我已进入老年，学得太慢太费劲了。可是你们给了我怎（这）么好的机会，再难我也得学，学不了多还学不了少吗，我希望在我的有生之年，再多学点东西，才能对得起你们对我的希望，我也不白活一生。在我的老年时代赶上了新时代。真是太谢谢你们了。

信件2：

* *：你好

有建议（邮件已）收到，读了信件，深有感触……邮件的附件我还没学过，用鼠标瞎点了半天才找着。哈哈，有（又）长了点知识。今后你从邮件上多教我两招，行吗？谢谢。

学习并掌握电脑以及其他先进科技也许会是一个相对长期的过程，但是这并不能阻碍村民利用新技术的兴趣和步伐。从对电脑的"无知"，到使用网络发送电子邮件，从柳村妇女主任在电脑上建立了周转金项目相关电子表格，到宋村妇女主任用画图工具将施工图录入电脑，村民给我们带来了一个又一个的意外和惊喜。这让我们再次感受到作为社区发展源动力的人的无穷力量和行动的无限可能。电脑作为一个新鲜事物来到村里，已经开始慢慢影响到他们的生活。尽管我们不知道电脑最终会在多大程度上影响村民的生活，但就目前的情景看，项目组所有成员都对将来满怀信心。

二 村委会的强权控制

电脑进入柳村时，项目人员并没有直接采纳村干部的意见把电脑放在妇女主任家，而是采用公开招聘的办法招聘管理人员。这个做法在一定程度上伤了妇女主任的面子。不过在后来的面试过程中，妇女主任通过话语战术取得了管理电脑的权力，在挽回面子的同时也实现了村委会早先的预期（参见第三章第一节）。在随后的培训与使用过程中，妇女主任逐渐意识到电脑的出现意外地成了她提升其地位与声望的工具和手段：妇女协会活动以及电脑学习的开展，使妇女主任成为人们活动的中心。另外，她还有村委会的大力支持。这同以前只任命做事而无决策权的角色截然不同。而且，在妇女主任乐于组织村民进行培训与学习的同时，其行动结果又与干预项目所期待的活动效果不谋而合，最终实现了达成个人目标与项目活动目标的双赢效果。这样的结果无论对于项目组还是地方村干部而言，都是乐于看到的。

然而一年后，电脑的主人在 3 个村发生了变化。2007 年 10 月，柳村妇女主任郭素芳辞去村内职务去北京找了份工作，电脑于是从她家搬到另一位代理妇女主任刘悦玲家。2009 年末在宋村，原妇女主任落选后，村委会开始计划如何将电脑转移到新任妇女主任的家中。从这些电脑主人的变化中，似乎能看到这样的规律，即电脑由提供知识、信息的工具逐渐演变成象征妇女主任这一权力地位的附属品。不过，这只是事件完整文本的一部分。在电脑刚进村之际，各个村妇女主任、会计等人以"普通村民"的身份与其他村民进行"公平"竞争。这其实为村委会对资源的控制提供了合法化的基础。当这些掌握电脑资源的村干部辞职或落选后，电脑并未以其"农民"的身份稳定下来，而是跟随"干部"这一职位"归还"给了村委会。而且在杜村，因为电脑放在了村民张正海家中且后期管理过程中不向他人开放，村干部多次向我们反映要求把电脑转移至村委会。因此，与其说电脑是一种象征身份地位的特殊符号，倒不如说是这种身份与地位反过来却是村委会控制资源的工具。2008 年 10 月，辞职后因为一次手术又回到村里休养的郭素芳向我们说道："枪打出头鸟，我都不是妇女主任了，再管这件事情就有点不合适了。"她的回应更是肯定了这样的推断。

三 公共品的私人化过程

2008 年，项目组前后 3 次共计 2 个月入住李村会计家发现，他家的电脑除了其儿子（25 岁，目前在北京一家电信公司当技术人员，一年回家两三次）回家使用和一位高中生前来查询高考信息外，没有一位村民来使用。有一次，笔者试探性地和会计商量说项目组计划再进行一次针对村民的电脑培训，谁知立即引起了会计妻子的强烈反对，"可别再组织了，有一次差点闹出了人命"。据她介绍，村里有个智障的年轻人曾到她家来看电脑，遭到拒绝后，突然拿了一把菜刀出现在他们家门口。

　　然而，之后我们从村民的口中得到故事的不同版本：因为有村民去会计家使用电脑而发生过一次矛盾，并且因为他们一家对前来学习的人不热情，人们便不愿意去了。我们无法证明关于菜刀事件的真实性，但村民的回应、会计一家对培训活动的强烈反对以及我们入住他家以来的观察，充分证明了电脑这一公共品被私人化的状态。同样在宋村，电脑管理人员妇女主任常常因为网费欠费、电脑插座损坏等原因而停止提供电脑使用服务，不少村民还反映电脑常被她的侄子、侄女占用。那么，相对于柳村、李村、宋村而言，由村民自己管理的电脑又会是什么样呢？

　　杜村电脑管理人员张正海，曾经也是村干部，不过早在 2002 年就结束了他的村干部生涯。村民对他的评价并不高，除了在任期间为村里修了一条公路值得称赞外，他的"贪"更成为大家谈论的热点①。此外，张正海还与时任村委会成员之间存在较深的矛盾，因此在电脑管理人员的竞聘过程中，经历了一段村委会与项目人员之间颇为曲折的谈判过程（详见第三章第一节）。客观地讲，项目组支持张正海当选电脑管理员，也只是基于项目的公正性考虑。如果非要以价值取向来衡量，那么用"民"和"官"来形容更为贴切。然而，张正海本人却并不这么理解。他认为电脑放在他家是项目组对自己的"恩惠"，村委会无权干涉更无权使用，甚至村民也不能使用。

　　记得 2006 年电脑刚安装在他家里时，吸引了众多村民前来培训学习，甚至距离 7 里地的北沟村村民也常常光顾他家。那时候，每当我们到他家时，家里的阿姨总是喜笑颜开地表示欢迎，并备好了各种糖果。2007 年夏天，笔者在杜村正好遇到一位村小学老师，他希望笔者帮助他打印几份材料。这顿时让笔者猜到张正海对村民使用电脑的限制。当笔者来到张正海家时，发现电脑已经覆盖了一层厚厚的尘土，显然已经很久没有用过了。2008 年夏天，村书记主动找到项目组说张正海家里的电脑已经被"私吞"了，不仅村委会的人不能用，而且村民都用不上。

---

　　① 以 2001 年在该村开展的周转金项目为例。该村在项目执行过程中采取以小组为单位发放资金。然而，当其他小组都如数发放后，却未见主村小组组长——张正海有任何行动。虽然张正海本人说这笔资金用到了村里的道路建设中，然而没有任何证人和证据，因此村民断言是他私吞了这笔资金。

案例5-3：杜村妇女对电脑使用态度的转变

一位住在北沟的年轻妇女对笔者说，她对电脑很感兴趣，曾经（2006年）还和邻里另一位妇女参加了初期的电脑培训活动，学会了如何打字以及在网上查询信息；除了项目组组织的电脑培训外，她自己还从小学生的教科书中学了一些简单的操作方法。项目组组织的培训结束后，她希望继续学习电脑操作，于是每次趁送女儿上学的机会打算去张正海家学习，可是每次总见其家门被紧紧地锁上。这样经历了几次后，她逐渐打消了使用电脑的念头。如今，女儿去乡里上小学，不常回家，她也因此很少再路过张正海家，学习电脑更是成了遥远的一件事。

2008年11月，笔者再一次来到张正海家时，发现曾经的电脑室已经被装修成其女儿的闺房。这样的布置显然不是为随时来使用电脑的村民准备的。据村书记介绍，村干部曾试图劝说张正海将电脑转移到村委会，但张正海坚决反对，理由是"那是农大教授送给我的电脑"。为此，村书记与我们商量说，他愿意将自家的电脑作为村庄公共电脑为村民提供服务，同时希望项目组停止对张正海的网络费用支持。考虑到与张正海曾经的合作关系，我们默认了他的"私吞"行为，并停止对他的网络费用的支持。对这样的决定，张正海本人没有任何异议，说道："打个比喻，就像你现在工作了，领工资的同时你父母还给你钱，那就是多余的了"，"其实我觉得你们的做法有些超前，因为目前大部分村民都不会使用电脑，只有像我女儿十八九岁这一批的年轻人才会使用"。张正海的"领工资的同时你父母还给你钱"理论与其行为的自相矛盾让项目组成员哭笑不得。不过，他的这句话似乎另有所指：对于村委会这样有丰富资源的组织，就不应当再给予其网络费用的支持。

张正海就这样将公共财产转变成了私人财产。如果要区分电脑的私人化与村委会的强权控制这两种形式究竟哪一个更不利于村民的使用，那么答案则是殊途同归。尽管柳村和宋村的村民并没有像杜村和李村的村民那样，表现出对电脑管理员的极度不满，然而前去使用的村民数量同样屈指可数。村干部对无人前来使用电脑的解释，与杜村的张正海如出一辙：村民不懂电脑。

四　反思：电脑在社区中的"融化"

时隔4年，笔者走到大街小巷里，依旧能看到多年前熟悉的场景：村民热热闹闹地在太阳底下坐街、纳鞋垫、打扑克，小孩则在一旁开心地你追我赶玩游戏。而曾经闹得沸沸扬扬的电脑，最终只落得昙花一现的结果。这不禁让我们对项目实施过程打一个大问号。为什么在管理体制中分明规定管理人员不得以任何理由私自占有，最终却还是被私有化了？为什么有关管理人员定期接受群众和项目组检查与督促的监督机制，在实施过程中却难以发挥作用？

也许有人会说，那是因为整个过程的外部监督力度不够。可是，如果必须借助于一支外来力量来监督其执行状况，那不得不质疑社区是否还具有发展的潜力与可持续性。如果干预项目从社区撤走，除了增加了一些看得见的基础设施外，一切又回到原来的状态，这是否能够称得上"发展"？项目组将权力交给地方村民，让村民对项目执行过程进行监督。实践却表明，来自村民的约束力并未发挥积极的作用。当前，市场经济的发展以及集体经济的衰败促使农村家庭以原子化形式存在，而且伴随城市化进程的加快，农村社区干群关系显现出越来越紧张的态势。诸如"那都是干部们的事""那是农大教授送给我的电脑""枪打出头鸟"等话语表明，村民对村干部的不信任以及双方利益相对立的状态已成为当前社区干群关系的一个主要特征。正因为对村干部失去信任，村民对村级事务也就失去了信心和兴趣。因为干群之间利益的对立，村民参与社区公共事务管理的积极性也在减弱，认为村级事务就是村干部自己的事。但是，村民与村干部要长期生活在同一社区，尤其一些关系到村民生计的事宜还需要求助于村干部，因此，维系和谐的干群关系对村民来讲又成为必需。在这种矛盾的状态下，村民只好采取"睁一只眼、闭一只眼"的方式来回应村干部的不作为。

那么，把电脑放在非干部的农户家里让村民自己来管理，效果是否会更好呢？本研究除了张正海的案例外，没有机会再进行新的尝试了。但是很明显，电脑自进入社区之时便被村委会通过各种策略牢牢掌握，哪里容得让村民参与管理的机会。而像杜村张正海这样具有特殊身份的例子，在其他3个项目村也是罕见的，其结果同样不尽如人意。可以想象，如果将电脑放在非干部的农户家中，村民是否能比我们更有免疫力来抵抗来自村干部糖衣炮弹式的策略攻击呢？虽然农村是一个熟人社会，但正如费孝通描述的那样，乡村人际关系存在着以血缘和地缘为基础的"差序格局"特征。农户之间人际关系的亲密程度有"近"和"远"的区别。因此，一个关系一般、距离较远的农户往往并不太愿意只为了使用电脑而去另一家，"添麻烦""不方便""看别人脸色"等顾忌是村民不去使用的重要原因。正是这种思维与行动逻辑，进一步促使了电脑私有化的结果。

第二节　乡土文化的重建过程

一　社区文化娱乐背景

项目村村民的文化娱乐生活随着国家政治与经济的转变而经历了曲折的发展与衰落过程。新中国成立初期，戏曲是村民主要的文化娱乐内容。那时，每个社区都有一支文艺队，也叫"戏班子"，定期为村民表演具有地方特色的节目（如老调梆子，后来常被村民称为"老戏"）。随后，受"四清"运动和"文化大革命"的影响，地方戏曲逐渐退出村民的生活，取而代之的是"革命现代京剧样板戏"。"文化大革命"后期，在社区文化精英的努力下，地方戏曲似乎有复兴的趋势，然而1982年实施家庭联产承包责任制又挫伤了复兴戏曲文化的动力。这个时期，村民的精力开始向家庭生产转移，同时伴随工业化背景下农村劳动力的大量流出，村民唱戏的积极性以及组建文艺队的力量大大削弱。因此，在改革开放和经济高速发展的背景下，虽然村民的生活经历了由贫穷向富足的快速转型，但人们的消遣娱乐方式却日益单调与贫乏，昔日的"河北梆子"与"现代京剧"几乎被人们遗忘。"晚上看电视、白天打扑克"成为新一代年轻人的主要娱乐方式；老年人则多以"坐街"的方式来打发时间，甚至有的人用"早上听鸡叫，白天听鸟叫，晚上听狗叫"的"三叫"来形容老年人单调乏味的文化生活。与此同时，因赌博而出现邻里矛盾或家庭不和的事也时有发生。乡村文化正面临着前所未有的挑战与考验。

不过，值得一提的是社区唯一留存的文艺活动——每年正月十五举行的"年会"。这是由社区文艺能人和爱好者（有的社区还包括"吹打班"）共同组织的文艺表演与娱乐活动。文艺能人主要是社区 50 岁以上的老人。他们大多数曾是"文化大革命"期间的文艺精英，喜爱戏曲，擅长舞蹈，精通各种传统吹打乐器。每年正月，他们自发地组织村民进行诸如"踩高跷""灯会""大头会""小车会""狮子会"等具有地方特色的文娱活动供村民娱乐，其活动经费主要来自社区厂矿矿主、村民（或生产队）以及村干部个人的捐赠资金。据相关负责人介绍，通常情况下组织社区年会的文艺能人没有任何资金报酬，除去乐器更换开支外，剩余资金采取"一年一清"的方式将其转化为烟、酒、糖果等形式和村民共享，"俺们就爱好这个，图个热闹开心，别的啥也不图"。

因此，每年的正月十五，村里显得格外热闹。不仅村里有自己的表演队，而且外村的表演队也会到本村来表演，大人小孩聚在一起看演出、玩游戏，别有一番味道。正月一过，外出务工的村民陆陆续续地离开了村庄，村里厂矿也将开工，妇女、老人开始为地里的农活做准备，于是人们又恢复了往日单调而平静的生活状态。可以想象，在没有任何公共娱乐设施和文化活动的条件下，人们对这一年一度的文艺活动的期盼心态。所幸的是，2006 年之后因为 EED 项目在社区文化方面的介入，村民的闲暇生活发生了巨大变化。一方面，项目区文化娱乐设施的修建为村民提供了休闲、健身的活动场所；另一方面，在妇女协会的助推下，具有地方文化特色的"扭秧歌"活动开展，在丰富了村民闲暇生活的同时，也在一定程度上复兴了乡土文化。当然，社区乡土文化的复兴并非轻而易举之事，与电脑的使用过程一样，也经历了一番我们未曾预料的曲折故事。

二　社区文化活动的复兴

项目村文化活动的雏形——扭秧歌活动，源于妇女协会这一组织的成立。2006 年 4 月中旬，项目组在柳村成立了以周转金和生活信贷为基础的妇女协会（见第二章第三节），试图在帮助农户发展家庭经济的同时，将社区以妇女为主的村民组织起来开展各类文化活动（如扭秧歌、看电影等）。柳村村干部一听说组织文化活动，便骄傲地说："要不我们给你们演一场，你们先看看俺们村这个基础。俺们村可是有几百年的历史了，是这个乡里唱得最好的。现在很多村民自己还有乐器呢。"还有的男性村民也说："忒好呗！能把这村里人组织到一起扭秧歌忒好，大家伙儿热情也高，好多人还想学学迪斯科啥的。我跟你说吧，要说搞些文艺节目，唱戏啥的，这乡里几个村还得属我们村最好。我们村以前是有名的'戏村'。在县里搞文艺比赛，我们村还是第一。这几年不行了，有爱好这个的，但是不好组织。"

在村干部的提议下，第二晚在妇女主任家院里，果然来了五六位表演节目的文艺能人，还有满院子前来看热闹的村民。当晚的表演非常成功，许多笔者至今也说不上名字的吹、打、唱以及各种文艺绝活给我们留下了深刻印象。原来农村的传统文化并没有被丢弃，这些朴实的村民中卧虎藏龙，成为后来推动村庄文艺活动的主力军。

看过村民的精彩表演后，项目组也坚定了组织社区文化活动的信心。在后期与村委会的共同努力下，由妇女主任带头、文艺能人协助的社区"扭秧歌"活动顺利开展起来，参与者主要为社区的妇女和老人。就在我们回到北京后的第三天，项目组接到村里来的电话，被告知村民每晚都在妇女主任家的庭院内扭秧歌，非常热闹。说着这些的时候，他还让项目组从电话里听听当时村里正在进行活动的那股热闹劲——震耳欲聋的锣鼓声以及村民的欢呼声真让我们感到无比的意外与高兴。2006年 5 月，我们再次到达柳村时，便迫不及待地想看看秧歌表演。晚上6：30左右，妇女吃完晚饭后陆陆续续地来到妇女主任家。这个时候，妇女主任家的院子里早已点亮了夜灯；两位精通吹打的老人已经架好了敲打乐器。不一会儿，极具节奏感的锣鼓声响起，30 多名妇女手握花扇和红色手绢开始扭了起来。这中间还有数位头发花白、动作不太娴熟的老人跟在后面，甚至在旁边看热闹的小女孩最后也加入了队伍中。更让我们吃惊的是，这些妇女与老人并不是重复单一的舞步，而是不断地变换队形、更换舞姿。很显然，这些动作与步法是无法在短短的几天之内练成的。后来，不少妇女满脸笑容地对我们说道："这白天干活，晚上扭扭秧歌，忒好受。"这样的话不禁让笔者想起几个月前她们一听说扭秧歌便一脸羞涩的模样，而如今没有人再认为扭秧歌是件"丢人"的事了。

扭秧歌、跳迪斯科等活动并不只是单纯的娱乐，更代表了乡村文化的重建，也为农民提供了交流互动的平台，塑造了公共的文化空间。这种公共的文化空间能让社区成员分享同样一种情感，从而强化社区成员的文化认同感和幸福感，最终实现农村社区的文化整合。不少村民感叹道："我们几个爱好这个的人多年来一直想做但没做成的事，这回农大给做了。村里现在热闹了，好多人都来扭，大家伙儿热情可高了。现在好多妇女晚上都不打麻将了，别人找着玩的时候，都说'不打了，扭秧歌去'。"

柳村的文化活动并没有让我们失望。随着活动人数的增加，妇女主任家的庭院已经容纳不下更多前来参与或看热闹的村民，于是活动地点被转移到附近的小学校；与此同时，在年轻的妇女主任带领下，还增添了"老年迪斯科"这一新内容，大家跳舞的热情有增无减。

案例5-4：柳村文化活动现场

2008年10月末的一个傍晚，天下起了小雨，笔者走在村里却一如既往地听到老远的村头传来一阵阵欢快的迪斯科乐曲声。那是一群妇女正在学校内的活动室里随着音乐跳舞：有年轻的大姐，还有很多脚步有些笨拙的老奶奶在后面跟着学。舞曲刚结束，又响起了锣鼓声，老人与妇女又随之扭起了秧歌。尽管除我们之外，还有不少的围观者，可这些沉浸在舞蹈中的妇女和老人丝毫没有显得羞涩，她们舞得理直气壮，昂首挺胸，脸上还洋溢着我们从未见过的自信和幸福感。没有人在意此时的细雨，跳舞的热情和活力也驱散了夜晚的寒意。我们不得不感叹这些乡土文化的复兴给这个村子带来的巨大变化，也不得不感叹村民对这些乡土文艺活动的热爱与痴迷。

案例 5-5：李村文化活动现场

（2008 年）10 月的天气已经很凉了，但和往常一样，李村文化广场每个傍晚依旧灯火通明，老远就能听到喇叭里传来的迪斯科舞曲声。循着歌声来到广场一看，吃过晚饭的村民早已在广场上活动开了。北边是七八位年轻妇女和一群小女孩正兴高采烈地跳着现代舞，还吸引来不少老年人和男性村民在一旁观看；南边是一些年轻小伙大汗淋漓地打着篮球，旁边还有不少学生和中年村民在打羽毛球，互不干扰；东边，四五位老年人引起了笔者的注意：她们正兴致勃勃地体验着各种健身器材，其中有一位 75 岁的白发老奶奶还试图尝试身边四种不同的健身器材。虽然显得有些吃力，但老人露出了灿烂的笑容，并说："平时总有人占着，没好意思过来用，今天还是第一次玩。忒好，就是忒累，都出汗了！"

以扭秧歌为代表的文化活动在柳村的复兴，一定程度上也带动了其他 3 个项目村的活动进程。它的成功主要依赖于以下几方面。第一，建立在"周转金"和"生活信贷"项目基础上的妇女协会是最初激发妇女参与活动的主要动力。只有加入妇女协会才能够申请周转金和生活信贷的规定，有效地鼓励了社区大多数妇女积极地加入协会中，也因此为后期的活动打下了基础；同时，从制度上赋予以妇女主任为首的妇女协会管理小组组织妇女文艺活动的职责，保证了文化活动的持续性。第二，基础设施的相继完善为文化活动创造了必要的活动空间。柳村与杜村以学校为据点，宋村以村委会所在地为据点，李村将集市"一地两用"。这些广场分别从 2007 年开始陆续建成，并配置健身器材、灯光、音响等设备，最终成为社区具有标志性意义的固定休闲活动场所。第三，外部资源对社区文化活动的物质性支持保证了活动的持续进行。除了广场基础设施的投入外，项目组还通过购买乐器、发放补贴等形式给予文艺队伍资金支持，在弥补社区资金不足的同时也提高了村民活动的积极性。第四，村民本身对文化活动的爱好与需求是活动得以持续的根本动力。在参与实践中，当妇女真正体会到活动带来的无限乐趣后，文艺活动逐渐成为其闲暇生活中必不可少的一部分。此外还有积极参与组织活动的文化精英，他们对活动的爱好与奉献最终带领村民实现了社区文化的复兴。

三　基于资源的权力冲突

乡土文化重建与复兴是我们众多子项目活动中较成功的案例之一。其成功之处不仅表现在受益群体的广泛性，更表现在其活动的持续性。然而，如果我们只是关注项目的执行结果而忽视其执行过程，那么我们将错失机会去理解与洞察项目活动是如何整合到地方行动者的日常生活中，并通过他们的行为来共同建构项目结果的过程。

1. 柳村文艺爱好者：刘秉阳

刘秉阳，柳村的文化能人之一，2006 年已 67 岁，有两个儿子，大儿子在本村拉矿石，小儿子在外务工。刘秉阳与其老伴主要依靠农业种植为生，在村里是低收入水平家庭。刘秉阳的父亲与祖父也曾是本村的文化精英，因此他自幼便开始接触戏曲、舞蹈以及各类吹打乐器，对农村传统文化具有非常浓厚的兴趣。他曾经负责过村里现代京剧样板戏的编排并参加县、乡比赛，如《红灯记》《沙家浜》《红色娘子军》《智取威虎山》等。"文化大革命"期间，他连续 8 年参与组织社区文化队在县里的汇演，对恢复社区传统戏曲"河北梆子"做出了一定贡献。改革开放后，基于个人兴趣爱好，他开始组织社区青年成立"高跷队"，并在每年的正月十五参与组织"大头会""狮子会""小车会""灯会"等文艺活动。

刘秉阳只是社区文化能人中不起眼的一个角色。他并不擅长唱戏和吹打绝技，但其舞台编导能力在村里是出名的。在"文化大革命"期间的样板戏中，大部分演员的舞台动作源自他的创作。因为有此特长，妇女协会的秧歌队伍自然少不了他的身影。我们后来看到的妇女所跳的各种秧歌步伐与动作就是其劳动成果的见证。此外，刘秉阳对乡土文化的热爱与痴迷在我们外来者看来也是与众不同的。他喜欢和我们聊戏曲故事以及村里每年组织的"年会"活动；他常因为农户家门口一块不起眼的石碑而滔滔不绝地讲起许多历史故事来；有一次他因为在山坡上发现了一棵"怪树"而找到村书记，要求对其进行保护，并骄傲地带领我们前去观赏他发现的"历史文物"。

刘秉阳对乡土文化的喜爱毋庸置疑，然而他固执的性格也是村里人众所周知的。在秧歌活动过程中，他曾好几次因为只关注"优秀"队员、忽视略显笨拙的中老年妇女而遭到村干部的指责；然而即使面对众人的不满情绪，刘秉阳仍然按照自己的计划我行我素。"性子特别急，心情好了脑袋都可以给你，心情不好的时候扭头就走，他当不了头（领导）。"这是多年来与他在文化队里共事的另一位村民对他的评价。从村民的描述中，也可以感觉到刘秉阳的人际关系并不理想。除了文艺活动外，他似乎很少有机会与其他村民频繁接触。刘秉阳自己也介绍说，在村里没有戏唱的日子里，他常常感到"闷得慌"，"闷的时候就去村边的田地里或者山上转一圈，有时候一天要去转好几圈"。为此，他曾几次找到村书记，希望村委会出面把以前的戏班子（文艺队）组织起来，但是一直都没有得到回应。后来听说 EED 项目组要在村里组织秧歌队，刘秉阳立即找到项目组负责人倾诉自己的想法，并打算"把这支秧歌队分成好几批，编排出各种花样，要弄得很像样"。就这样，柳村妇女协会的文艺活动在刘秉阳等人的协助下慢慢开展起来。

2. 干群矛盾的产生

自柳村妇女协会文化活动顺利开展之后，刘秉阳多次向项目组表达了成立社区老年文艺协会的愿望。2006 年 5 月中旬，我们盛情邀请了刘秉阳所在的这支具有乡土特色的"老年文艺队"参加中国农业大学人文与发展学院师生组织的文艺表演活动。精彩且成功的表演赢得了广大师生一阵阵掌声，同时也在很大程度上促进了项目双方对成立社区老年文艺协会的共识。在刘秉阳的提议下，项目组还许诺给予老年文艺协会一定的资金支持，以添置必要的乐器设备。然而，半年后我们来到柳村时，却得知刘秉阳不再参与任何协会活动的消息。原因是刘秉阳和村干部之间产生矛盾而导致他主动退出妇女协会的管理队伍。激发他们矛盾的导火线正是项目组承诺给予发展妇女协会和老年文艺协会的这笔资金。

　　妇女协会我组织起来了，可是没想到又被赶出来了，这让我非常生气。我开始本想朝你们教授发火（因为该教授承诺给协会的资金没有直接给他），可是后来想了想，你们本来是到这里做好事的，我怎么能发火呢？后来我问清楚了，你们的钱下来了，只是我不知道，村干部叫了赵余才（乐队的另一名老人）几个人去市里买了东西，具体买了什么东西我不知道，人家也不告诉我，所以我很生气。可是我没有权，也没有钱，不能和他们争执，所以我只好退出来算了。后来扭秧歌的妇女们问我怎么不去教她们，我就说自己没时间。

村干部对刘秉阳退出协会一事的解释，则是他的我行我素固执性格有碍同村委会之间的合作。而刘秉阳却坚持认为村干部另有他谋，"他们要是叫上我，很多事情就办不了"。后来刘秉阳见到村委会买来的笙和唢呐时也表示强烈不满："音不准、质量忒次，为这事我还狠狠地训斥了赵余才一顿。你说他是懂这行的，怎么就买了这些忒次的东西回来？"时隔数月后，我们在妇女主任的工作笔记中看到以下这样记录。

案例 5-6：柳村妇女主任关于妇女协会活动的工作笔记

2006 年 8 月，刘晋财、赵余才、郭素芳去××市购买乐器。共花人民币 10749 元整。其中租车费 300 元，音箱 1 对共 4300 元，688 瓦功放（多功能放映机）1 台 2200 元，50W 喇叭一支 100 元，A 调笙 1 把 350 元，D 调唢呐 2 套单价 80 共 160 元，C 调唢呐 1 套共 85 元，铜锣 1 块 100 元，服装 20 套每套 88 元，共 1760 元，二胡 1 把 780 元，光盘 5 张 40 元，扇子 5 把 9 元，八角巾 5 块共 15 元，DVD 一台 550 元。

以上这些乐器由妇女协会组长专门管理。如有损害（坏）和丢失及时和农大联系什么情况损害（坏）和丢失的。这些乐器是老人（文艺）协会和妇女协会的主要财产，一定要把它（们）保护好，绝对不能丢失和损坏。

暂且不讨论记录中的每一项费用是否属实，然而就乐器而言，项目组和刘秉阳一样都未能亲见所有的器件。显然，通过与"易于合作"的村民——赵余才联合，村干部采用信息封锁的策略成功地将"不易合作"的刘秉阳排挤在外，通过权力运作为实现个人利益创造了空间。作为无权无势的普通村民，刘秉阳在这次较量中惨败，老年文艺协会的创办也因此次矛盾宣告失败。为了表示抗议，刘秉阳拒绝再参与到妇女协会活动中。这不免让敏感的妇女感知到些什么。然而，刘秉阳的反抗行为并未给妇女协会活动本身带来显而易见的威胁，妇女依旧在妇女主任的带领下进行每日秧歌活动，甚至开始尝试老年迪斯科。不过，这种沉默的反抗对村委会却起了作用。当不知情的项目组询问到事情的缘由时，村干部的表情是尴尬的，"刘秉阳太倔强"是他们给出的主要理由。

3. 出现转机——村干部主动让步

2008 年，新一年的项目活动在柳村陆续开展起来。这些项目包括文化广场的修建以及娱乐健身器材的安置。柳村的文化广场设立在小学校内，是一个封闭式的娱乐场所，用以扭秧歌、健身、看电影等娱乐活动，其受益群体扩大到全村村民。当年 7 月，各项设施修建完毕后，让笔者意外的是刘秉阳又回到妇女协会，不仅开始指导妇女的舞蹈动作，而且每晚活动完毕后还负责场地的清理。原来，刘秉阳与其妻子已经搬到学校居住，负责管理校内公共设施，每天早晚定时向村民开放文化广场。更重要的是，刘秉阳不仅不需要向村委会缴纳住房租金，而且每月还有 400 元的劳务收入。

刘秉阳行为的转变源自其家庭的一次矛盾以及村委会的主动帮助。他在学校居住的房屋是 2006 年一位外地铁矿老板在本村开办工厂时修建的。2008 年春节过后，工厂撤出了本村，剩下 4 间空房一直没人使用。2008 年 5 月，刘秉阳与大儿媳妇因为农业生产问题发生了争执，并产生了分家的念头。考虑良久后，他找到村书记，希望村委会给自己批一块土地盖房子。由于批地建房程序复杂、时间较长，村书记建议刘秉阳住在学校，并为其安排了管理工作。这对家庭经济状况并不乐观的刘秉阳而言，无疑是件雪中送炭的好事。村民对此评价说：

> 刘秉阳的家庭情况不好，大儿子娶媳妇花了很多钱，还盖了房

子；小儿子在外面打工挣不了什么钱，把他自己还气得够呛。村里管理文化广场每月 400 元钱，对别人来说忒少，但是对他个人讲比较好，除了有地方住以外还能挣一些钱，而且他也爱好这个，估计他特别高兴。

事后，当笔者再次遇到刘秉阳时，他的心态也有了明显好转。他说：

> 你们农大为了搞好农村的文化生活，是好事，我只是生气自己组织起来的协会却最后被赶了出来。我很想追根问底知道那些钱究竟用到了哪里，可是后来又想想，村主任和村书记对我都挺好的，很照顾我，现在还给我住的地方，所以我也不用再计较这些了，不能为了钱生气。我的老伴以前还责问我干吗管这些事情，我说我还就好这口（文艺活动）。

就这样，从刘秉阳参与活动到主动退出再到全面参与，柳村妇女协会活动的组织过程经历了一个不断整合和调整的过程。在这个过程中，用以促进协会发展的项目资源成为激发干群矛盾的主要诱因。村委会凭借自身的权力优势，试图将资源纳入其控制范围内；而作为社区文艺能人之一的村民刘秉阳，其性格特征却成为村委会行动的阻碍因素。通过信息封锁与排挤策略，村委会在成功实现了个人目标的同时，也恶化了干群关系，成为村里众人皆知的故事。村委会的做法显然在群众眼中是有些欠妥的，更重要的是"这是在让农大看笑话"，使村委会的面子无处搁放。为缓解矛盾和捍卫自己良好的权威形象，村委会需要主动做出让步，为处于困境中的刘秉阳提供帮助。

刘秉阳或许还能清晰地记得当初被村委会排挤时的愤愤不平的心情，然而现在看来似乎都已变得如此不重要，反而更多的是感激之情。一场干群之间的资源竞争因此画上圆满的句号。事实上，有关资源引起的干群矛盾远不局限于文化活动这样单一项目范围内或者刘秉阳这一位村民身上。计算机、周转金等项目资源的进入与利用过程，也都无一例外地被嵌入干群之间复杂而紧张的人际网络与利益争夺关系之中。这些故事不断向村民和外来干预者暗示：村委会是唯一支配和管理社区资源的权威合法组织，任何试图与之抗衡的个人努力都将是徒劳无功的。

四　由活动引起的需求矛盾

村委会与文艺能人之间的这场资源竞争，在协会的妇女看来不过是茶余饭后的谈资。在柳村，刘秉阳退出协会的这段时间为妇女学跳老年迪斯科创造了机会。年轻的妇女对新的舞步顿时产生了浓厚的兴趣，每晚扭完了秧歌后，还会继续兴致勃勃地学习迪斯科。不过这对于老年人而言，则有些为难了。由于跟不上脚步，更多情况下老年人只能在一旁观看，活动由此出现以年龄为特征的需求差异。

1. 柳村：以牺牲老年妇女利益为代价

柳村妇女协会基于年龄特征的舞步需求矛盾，在 2008 年之后显得尤为突出。2007 年，新任妇女主任上任并接管了妇女协会工作。这位仅有 25 岁的年轻妇女主任最初还按惯例组织活动。然而随着对工作的逐步适应后，新任妇女主任不仅给妇女带来了更具挑战性的现代舞（如恰恰等），而且根据自身的爱好将时间更多地花在了以年轻妇女为主体的舞步上。这在很大程度上引起了老年妇女的不满。不过，老人并不是以公开的话语方式表达她们的抗议。相反，她们有的悄然离去，有的则旁观，还有的甚至试图去尝试现代舞；即使当我们询问老年人对活动的看法与期望时，也很少听到她们的抱怨声。老年人正是以这种社区长者的身份通过沉默的方式来缓减现已存在的需求矛盾，视妇女主任的行动为"年轻、不懂事"的表现，从而将矛盾内化到日常生活中。

然而，活动队伍的日益年轻化趋势已经暗示我们这种需求矛盾在日益加剧，并且这种矛盾同样存在于李村。如果说柳村的老年妇女采取沉默的方式缓解妇女协会的需求矛盾，那么李村老年妇女的行动则显得更为主动：分别以村书记的母亲和妻子为代表的老年秧歌队与中年迪斯科队，在李村上演了一场"婆媳之战"，成为社区妇女为争取个人利益、权衡全局利益而做出努力的典型案例。

2. 李村：老少双赢的"婆媳之战"

2006 年，李村妇女协会成立。与其他项目村不同的是，该村妇女协会活动因为妇女主任长期不在村内而由村书记的母亲——王贵华负责组织。王贵华已 60 岁出头，其父亲曾是村内的文化能人，因此她自幼便受到乡土文化的熏陶，不仅精通各类敲打乐器，而且擅长唱戏。1996 年开始，王贵华跟随父亲参与组织社区"年会"活动；2003 年其父亲去世后，便独自一人负责组织。2006 年该村妇女协会成立后，王贵华自然成为组织该村妇女扭秧歌的领头人。2007 年，该村文化广场（白天是集市）建成，不仅为秧歌活动提供了更加舒适的环境，而且为社区其他村民的闲暇娱乐提供了空间。这时候，以村书记妻子——赵庆芳为代表的中年妇女迪斯科队伍，也自发地活跃在了广场上。秧歌队、迪斯科队、篮球队、羽毛球队、健身队等，顿时组成了该村广场上一道道亮丽的风景线。

不过这样热闹的场面并未持续很长时间。2007 年末，老年秧歌队与中年现代舞队之间因为彼此的音乐干扰而出现了关系紧张的态势。由于以儿媳妇赵庆芳为代表的中年妇女使用音响播放的音乐声远远压过老年秧歌队的敲打乐器声，老年人常常因此而跳错步子，并产生抱怨的情绪。但这并未引起中年妇女做出任何让步的行动。2008 年上半年，以村书记的母亲为代表的老年秧歌队决定退出文化广场的舞台。这场"婆媳之战"以媳妇胜出暂告一段落。

或许笔者用"战"来形容中年妇女与老年妇女之间的需求矛盾有些夸大了事实的严重性。在与婆婆王贵华的多次交流中发现，她常常极力称赞儿媳妇，以消减我们脑海中"婆媳矛盾"的印象。她说，"儿媳妇做什么事情比较大气，逢年过节给老人买好吃的、穿的，也给一些钱"；当笔者无意地说起"儿媳妇一拨、自己这里一拨进行活动"时，她立即纠正说："不能这么说，她们年轻的愿意跳舞，跳得也挺好。"但是，婆婆王贵华的言语解说并不意味着她有放弃老年秧歌队活动的打算。这也是本研究用"战"来形容她们之间"矛盾"的原因。事实上，自从退出文化广场之后，王贵华开始考虑将村委会门前的空地利用起来作为老年秧歌队的活动场地。与新建的文化广场相比，这块场地称得上村里的

"老古董"了。它曾是村里的公共活动场所：一头是村委会，另一头是被遗弃多年的老戏台。因此即使到现在，这里还常常吸引很多老年人前来坐街；到了夏天，这里更成为附近村民傍晚纳凉的聚集地。但由于新的文化广场的修建，这块"古董地"也就被村里人忽略了——村委会不再投入任何资源进行维修、整理，除了老年人和附近居住的村民外，很少再有其他村民光顾，同时附近村民建房常常导致这块场地凌乱不堪。

2008 年 7 月中旬，原本住在书记家的王贵华因为其孙子娶了孙媳妇而搬到村委会附近的二儿子家住。这样一来，老人离这块"古董地"更近了。夜晚，当村的另一头灯火通明地进行各类文化活动时，王贵华老人则在这块"古董地"和邻居聊起天来。有一次我们路过时，正好遇到王贵华在给村民讲鬼故事，周围的妇女听得津津有味。在与我们闲聊之中，王贵华对我们说她想组织老人在这里扭秧歌，希望项目组给予一定支持，"她们（以儿媳妇为代表的中年妇女）在那里跳舞，我们在这边大声敲鼓，那也不好，不想打扰她们……希望你们农大投点资金把这路面平整一下，安个路灯啥的，我们老年人可以继续扭秧歌"。这时，旁边的几位老人也跟着说道："妇女们在那里跳舞，一边再敲鼓扭秧歌，会影响那些跳舞的妇女，那怎么好呢？把老年人组织到戏台大街扭秧歌，估计人少不了。"

由于项目上暂无这方面的计划，我们也没有给出肯定的答复。出乎意料的是，没过两天，老年秧歌队就有了新的进展。这天，村会计从乡里买来了 25 盏 200 瓦的电灯，并立即找来电工将其安装在戏台大街上。当天傍晚，10 多位老年人便在这里扭起了秧歌。王贵华回忆说："我老了，搬到这里来后，我就对大儿子①（村书记）说'给我安上灯，广场也太远了，安上灯我们年老的就在这里扭扭秧歌'。儿子说'行啊'，当天就叫会计从乡里买了灯回来，让电工安上了，电费由村委会出，算是村委会对老年秧歌队的支持吧。"我们原以为老年秧歌队要组织起来应该还要一段时间，没想到王贵华老人的速度还挺快。她骄傲地说："做什么事情都要下定决心，一旦下了决心就赶紧做。"

---

① 有关王贵华大儿子贾云的故事，参见本章第三节内容。

李村的老年秧歌队就这样在王贵华老人的带领下重新活跃起来。这场"婆媳之战"在既没有破坏婆媳关系又没有影响到项目结果的情况下，悄无声息地化解了。它与柳村的明显区别就在于有这样一位拥有资源与地位的领头人——王贵华（其儿子为村书记，同时还是中年妇女代表的婆婆）。设想一下，如果王贵华没有其儿子以村委会的名义支持老年活动，那么要想利用戏台大街作为活动场地是非常困难的；同时，如果王贵华不是中年妇女代表兼村书记妻子赵庆芳的婆婆，那么任何一个普通村民将老年秧歌队重新组织起来的行为，都将被人们视为不利于社区团结并有意触犯权威势力的不明智之举。正是基于这两个关键因素，李村的需求矛盾通过婆婆王贵华的努力最终达到双赢的效果，而柳村的需求矛盾却注定以牺牲老年妇女的利益来满足中年妇女的需求为结局。这里，我们也再次看到维持社区和谐的人际关系在村落行为规则中所占的分量。

第三节　不同政治格局下的干预结果

我们知道，村级政治组织由村党支部和村委会组成。村党支部是中国共产党在乡村社会的最基层组织，一般由3名党员组成，分别担任村党支部书记、副书记和委员职务；村委会则是村民进行自我管理的基层群众性自治组织，一般由村委会主任、副主任和3名委员（如会计、妇女主任、治保主任等）组成。也有的地区鼓励实行两委干部交叉任职，因此村党支部干部可以参加村委会选举，村委会干部也可以参加村党支部选举。本研究社区正属于后种情况。4个项目村的村级正式组织因此出现了不同的组织形式：从数量上看，有的村村干部较多，有的村村干部则较少；从构成来看，有的村村支书、村主任由一人兼任，有的村村主任一职则空缺。

社区村干部之间也有权力大小之分。一般情况下，村书记和村主任掌握着社区主要政治权力，副支书、副主任、会计、妇女主任等则处于相对边缘地位。从第三章我们可以清楚看到，村干部手中的政治权力很大程度上是其实现个人经济利益的工具。因此，在拥有丰富自然资源的社区，当选村干部不仅是社区政治的头等大事，也是关乎个人利益甚至引发社区矛盾的关键事件。通常情况下，村党委需要适当控制普通村民入党事宜以减少其竞争对手，同时，村两委换届选举工作也需要谨慎安排以避免发生意外状况。

在本研究社区，自 2003 年采取由全村选民进行"海选"的方式选举村委会以来，村干部的人选控制权逐渐回归到村落社会。于是，为了获取选票，候选人不得不通过各种渠道拉拢村民，以血缘、家族等为特征的派系斗争也因此越演越烈。为了理解村级政治对发展干预的影响，下面让我们先看看四个村不同的政治格局特征。

一 4 个村庄 3 类特征

本研究所涉及的 4 个项目村在地理上是相邻的，无论自然还是地理条件均十分相似。然而，4 个村的政治面貌却存在着非常大的差别。

1. 以"斗"出名的杜村与宋村

杜村和宋村拥有丰富的铁矿资源。自 2003 年铁粉价格飞速上涨后，两个社区内掀起了开采铁矿和兴建铁矿加工厂的热潮。这期间，村民私自开始大规模地进行开采的数量越来越多，同时黑势力的介入也给社区治安带来了极大的影响。由矿产资源引起的政治斗争，正是杜村和宋村政治格局特征的一大特点。

案例 5-7：杜村非法采矿村民——赵学兵

赵学兵，男，46 岁，中共党员，县政协委员，社会网络广泛，开过矿泉水厂、铁矿加工厂、选铁厂，是实力雄厚的企业家。2001年底，他回到杜村，并与乡政府签订了承包该村矿山的合同。2004年，县委、县政府为加大对非法采矿行为的打击力度而对全县矿产资源进行了整顿。赵学兵签订的合同因此被予以废止，其所涉及的矿山由县矿管办进行公开拍卖。赵学兵在拍卖过程中以 480 万元高价中标，但后期未按照规定缴款，拍卖宣告失败。"他就是存心去捣乱的，不想让别人要"，村干部这样评价他此次的行动。在拍卖无效的情况下，赵学兵仍继续非法开采矿石，并对时任村副主任张正滨的劝阻进行了报复。后来，张正滨采取上访的方式借国家权力

对其进行制裁，最终赵学兵非法采矿行为得到惩罚，但这并未削弱
其继续牟利的野心。进村两委是他一贯的目标。2003 年村委会换届
之际，他组织了全村 100 多名村民以村支部书记财务问题为由联名
上告，导致时任书记张正海下台。不过令其失望的是，2003 年村委
换届，他并未当选。于是，他又开始盘算起下一届的选举。

案例 5-8：杜村上访大户——张正滨

张正滨，男，54 岁，2003～2006 年担任村副主任。2004 年 2
月底，由于赵学兵在杜村开矿的手续不齐全、存在私挖乱采的情
况，张正滨作为村干部按照上级要求试图停止其非法行为。不料，
赵学兵不但不配合张正滨的工作，还召集黑恶势力故意对其进行
了报复。张正滨当即住进了县医院。在住院过程中，张正滨不断
受到黑势力的威胁，医疗费用至今也未得到解决。为了这件事，
张正滨一直耿耿于怀，试图通过上访以讨回自己的公道。2005
年，张正滨先后 8 次到县级、市级以及北京等相关部门上访，反
映的内容包括相关部门对自己在执法过程中被赵学兵殴打事件处
理不公、赵学兵非法采矿、赵学兵选矿厂废渣堵塞灌溉渠道等等。
最终，县国土资源局于 2005 年 9 月对赵学兵的非法开采行为进行
了处罚和查封。

基于以上背景，杜村这个人口不到 1000 人、党员不超过 70 人的小
村庄每一届村两委的竞选过程都异常激烈。2003 年，就因为竞争过于激
烈而没能选出村主任来。同样，2006 年 4 月，一场形势复杂、斗争激烈
的村委会选举过程又展开了。这次海选后，共产生了 2 名村主任候选
人，分别是原村支部书记张正立（张正滨的弟弟）和村民赵学兵。张正
立采取的竞选策略主要有：第一，通过血缘关系、家族势力以及在任期
间建立的各种社会利益集团拉拢村民；第二，选举前一天将其因上访而
在县公安局的哥哥张正滨接回村庄为其助阵；第三，吸取海选时的教
训，在正式选举过程中严格把关，不仅对发放选民证或委托证有严格规
定，同时要求选举过程也严格按照程序进行，防止赵学兵在选举过程中

趁乱多拉选票。与此同时，赵学兵也做好了充分准备：首先，对在其选矿石厂工作的村民进行动员，承诺为他们签订用工合同、购买养老保险；其次，在海选时利用组织程序上的漏洞，动用势力进行捣乱、现场拉票；最后，正式选举前夜，在饭店中大摆宴席款待村民。最终，两人通过拉拢家族势力、采用经济利益诱惑以及现场拉票、扰乱现场等手段而在第一轮的村委换届选举中打得平手，村主任一职因此空缺。不过，在第二轮的村党委支部换届选举中，赵学兵胜出，当选为村书记。

2006 年当选后，赵学兵的日子并没有好过到哪里去。张正滨不断的上访时时威胁着赵学兵的宝座，两人之间展开了持久的对抗。例如，张正滨在 2006 年落选村委后，由于被打的事件未得到解决而迟迟不交出村里的公章。在乡政府未采取任何行动的情况下，赵学兵又煽动几十号村民到乡政府闹事，逼迫乡政府采取行动将公章从张正滨手中取回。此后，张正滨选择了北京两会期间去公安部上访。在此期间，电视台也曝光了赵学兵的非法采矿行为。2007 年，赵学兵因此取保候审，书记一职由村主任肖建国暂为代理。

2009 年，杜村的选举再一次闹得沸沸扬扬。赵学兵通过各种贿选手段，再一次当上了村主任。但时隔不久，张正滨又通过互联网发布了一条关于村委会选举以及被选人的相关问题的文章，致使社区政治处于高度紧张状态。我们也在网上搜索了相关的信息，发现这些信息不仅详细阐述了新选上来的村主任赵学兵的相关不良事件，而且对村支委 3 人以及乡书记包庇等行为进行了陈述，同时列举了乡镇书记使用抗震救灾款有问题等其他一些不良事件。这件事情对村级干部和乡镇干部造成了极大影响，县级领导最终决定将该村村委会成员全部撤职（村领导班子只剩下支委三人，分别是肖建国、肖元才、肖勇强），并成立了工作小组调查该事。

杜村激烈的政治斗争在宋村同样上演着。拉票、贿选同样成为他们每一届村委会选举时使用的屡见不鲜的招数①；动荡的政治局势也常常

---

① 2006 年村两委换届选举时，笔者因为在杜村而没能去观察宋村的选举过程，但即使这样，从杜村村民那里也同样听到了村干部贿选的事情，如出高价钱收买村民的选票等。

使乡政府称该村为让其"头疼的乱村"。与杜村略显不同的是,在宋村很难找到第二个像张正滨这样的上访大户。

表5-1 2000~2012年杜村村两委干部变化状况

	支部成员			村委会成员					
	书记	副书记	委员	主任	副主任	会计	妇联主任	治保主任	民兵连连长
2000~2003年	张正海	肖勇强	张正立	余广庆	张正立	肖建国	宋玉兰	—	
2003~2006年	张正立	肖勇强	肖元才	—	张正滨	桑登印	赵秀华	肖建国	
2006~2009年	赵学兵/肖建国	肖勇强	肖元才	肖建国	—	肖元才	赵秀华	赵云山	
2009~2012年	肖建国	肖勇强	肖元才	—	—	—	—	—	

2. 以"能"服人的李村

李村是4个项目村中人口最多的村,然而政治结构却非常稳定。村民选举常常是"走过场",因为大家知道,村书记贾云是再合适不过的人选了。

李村村书记贾云,身体魁梧,性格爽朗,敢说敢做,同时又很会办事,深得乡党委书记的信赖和赏识,被称为乡党委的"保驾护航者"。在整个杨乡,贾云也是一位少见的能人型村干部。他曾经在村里开过钙粉厂和铁矿厂,为个人创造了巨大的利润,同时也为社区村民做了不少实事。他曾经组织和号召村民进行果树栽培,在村内形成了具有一定规模的果园基地,为村民实现经济创收开拓了新的路子,也使村民经济收入跃居4个项目村的首位。在EED项目的帮助下,贾云独具慧眼地选择了建设社区集贸市场这一工程,给社区村民带来了极大便利,同时也吸引了周边社区村民的参与,繁荣了社区经济,受到村民的一致好评。贾云对农民利益的关注(如扶贫指标的公正分配、对困难户的特殊照顾等),也使其在村民心中具有较好的口碑。此外,贾云广泛的人际关系以及军人出身(其身边的兄弟个个都有好身手),使得"村霸"不敢在其面前欺压老百姓,社区治安很稳定。

贾云独到的见解与办事能力常常使该村政治呈现出"一言堂"的特征，其他村干部几乎都处于"跑腿"的角色。但为了巩固他在社区内的权力地位，贾云也会通过各种变通手段安排他满意的人选担任村干部。例如，在选举唱票时，谎报票数——"稀里糊涂地就行了"，或是使落选的人通过聘任的方式担任村干部。这些未通过选举的村干部，有的并不受村民的欢迎，但碍于贾云的威信和势力，村民也都默许了。毕竟在村民的眼里，贾云是一位既有实力又有能力的村干部，村民对他还是比较信任的。到目前为止，贾云已连续12年担任该村书记职位，在社区中的政治领导地位相当稳固；其他村干部成员在他的支持下也无较大变动。

3. 以"和"稳民的柳村

柳村是4个项目村中民风相对纯朴的村庄。1985~1990年，刘元福担任该村村书记。后因计划在村内开铁矿厂和钙粉加工厂，他主动辞去支书一职而只担任村主任一职。刘元福在开矿期间，为村民提供了大量就业机会。不仅如此，他还心胸豁达、平易近人。他常常提前给工人支付工资，以解决他们生活中的燃眉之急。对于村里有困难的村民，只要他们找到他帮忙，他都会尽自己能力为其提供帮助。刘元福在村民的心里一直被认为是一个难得的好干部。在好几次村委换届中，他都被选为村书记。但由于要打理自己的生意，他都主动放弃了。2008年，经济危机给刘元福的矿厂带来了一定冲击，于是他决定将精力放在社区治理上。果然2009年的选举，他顺利被选为村书记。

柳村另一位村干部——刘裕福，已年过半百。1991年，他继刘元福之后当上了村书记，2009年退下来。这期间，他也为村民做了不少实事，如建设小学校、"跑"扶贫款等。其名声虽然稍逊于刘元福，但他处事周到仔细，富有经验，也获得了村民的支持。刘裕福和刘元福是叔伯兄弟，能够相互分享村庄治理权力，并能够达到一定的平衡。在其相互配合下，社区治安与政治面貌非常稳定。也正因如此，该村每一届村委选举过程异常和谐：村民脸上都挂着微笑，相互调侃、相互聊天，场面轻闲而有序。虽然有极少数竞争对手为竞选而"走动"过，但对整体结果影响不大。与杜村和宋村激烈的派系斗争相比，柳村犹如静水。

二　村级政治对干预项目的影响

1. 不同政治格局下的文化活动

前文提到（本章第二节），文化活动在 4 个项目村的进展状况存在多样性的特征：柳村是最早成立妇女协会并修建广场、安置娱乐设施的村庄，作为"示范村"，其活动进展与效果均优于其他项目村；李村文化广场的建设紧随柳村之后，在村书记的妻子赵庆芳与母亲王贵华的带领下，社区妇女的文化活动日趋丰富起来；杜村和宋村的文化广场建设落后于前两个项目村，而且建成后也未能持续地开展文艺活动。那么，究竟是什么原因导致多样性的社区活动结果呢？

从项目设计上看，妇女协会的成立一定程度上有赖于周转金等项目的刺激作用，但事实证明，后期妇女协会能否持续性地开展文化活动却与周转金项目本身无关。例如，在拥有周转金项目的柳村和杜村，其文化活动开展效果却出现相反的结果；而在没有周转金项目的李村和宋村，也存在成功与失败的较大反差。相比之下，杜村和宋村的妇女协会成为只具其名、不见行动的"空壳"组织。

在杜村，妇女常责怪本村妇女主任的"不作为"，认为妇女主任起早贪黑地为自家的小饭店忙碌而无心顾及社区文化活动；在宋村，妇女主任不仅身兼妇女主任与会计两个职务，还在村里的矿厂里工作。因此，在村民看来，因为组织者的大部分时间忙于家庭生计而造成活动失败。然而比较发现，柳村前任妇女主任同样也在矿厂做饭，却成功地将该村妇女组织起来；李村妇女主任长期不在社区，转而在两位普通村民的带领下顺利开展起来，而且成功满足了老年妇女与年轻妇女的不同活动需求。同样是由妇女主任领导的妇女协会，在柳村能够持续开展活动，在宋村和杜村却以失败告终。可见，妇女主任这一职务并非协会活动成败的关键因素，更不能简单地将失败归咎于妇女主任的时间局限。

表 5-2　4 个项目村文化活动开展情况

要素＼村庄	柳 村	李 村	杜 村	宋 村
政治状况	和谐稳定	以能服人	矛盾尖锐	矛盾尖锐
是否开展周转金活动	是	否	是	否
妇女协会是否正常运转	是	否	否	否
文化活动是否正常开展	是	是	否	否
文化活动组织者	妇女主任	村支书母亲村支书媳妇	无	无
妇女主任基本情况	村矿厂做饭	长期在外	村内开饭店	兼任村会计在村矿厂做饭
社区文化精英特征	以刘秉阳、赵余才为代表的普通村民	以村支书母亲为代表的中老年人	主村、南庄、南沟、北沟各有一支由普通村民组成的独立文艺队伍	以赵万群、赵国宁为代表的普通村民
文化广场地点	村小学	村集市、村委会老戏台	村委会	村委会
村委会对文化活动的支持	重视度高，村干部经常到场	大力支持和满足老年妇女与中年妇女文化活动需求	无	无

　　让我们进一步从乡村政治的视角来考察 4 个项目村的组织动力。柳村是一个和谐的村庄，这也是项目组长期入住该村的原因之一。作为各个子项目的"示范村"，柳村村委会对项目实施过程的重视程度要高于其他 3 个项目村。按照项目对妇女协会的要求，组织妇女活动被村委会视为妇女主任义不容辞的职责（无论前任还是新任妇女主任）；活动期间，其他村干部的到场行为有力证明了村委会对协会活动的关注。在李村，文化广场建成后，村委会不仅自掏腰包在广场上安装了大功率射灯，还支持老年秧歌队在村委会老戏台开展活动。

　　柳村和李村村委会对文化活动大力的支持，正好与杜村和宋村形成鲜明对比。宋村有两位文艺能人：赵万群（男，44 岁）和赵国宁（男，63 岁），其家庭经济状况在社区中均属中下等水平。两人参与社区文化活动有近 20 年的时间，负责组织村年会活动也长达 5 ~ 7 年。据他们介绍，在妇女协会成立之前，他们常和社区其他文化爱好者自发地组织起来一起娱乐（主要指吹、打各类乐器），更别说每年正月的年会活动也举行得有声有色。但是村委会对社区的年会活动极少给予支持，对此，赵万群等人表示很不满："俺们大队和别的大队不一样，俺们大队谁当干部都不支持（文化活动）。别的大队（不管）去哪里（汇演），都有大队跟着，器械都支持，俺们大队不管这个。（年会）活动到了什么样的程度，村干部也不关心，更不会出（钱）。"不过，尽管村委会较少支持社区年会活动，但文艺队自己也有一套应对资金短缺的策略："自己先垫钱买工具，等到演出挣钱后，再把钱扣出来，否则没法弄起来。有剩余的钱，也都变成实际的东西（如烟、酒、糖果等）发给会员或者村民，一年一清。"也就是说，社区的年会活动在一定程度上已经脱离村委会，社区文艺队实质是一支自发的农民文艺组织，而促使文艺队队员持续活动的动力就在于村民对乡土文化的爱好。这样的组织运作模式事实上在其他 3 个项目村同样存在，不同之处就在于社区村委会的重视程度与支持力度。

2008 年初，按照 EED 项目要求，宋村需要成立妇女协会并开展文艺活动和发放周转金。2008 年末，赵万群和赵国宁找到笔者宣泄了一番："你们农大来了说把妇女协会组织起来，大队就自己选了一个头（妇女主任），把我们撤了。他们叫人（参加活动），可叫了半天没人去……弄半天还是没组织起来，去活动的人也就是文化团的人……（因为）头两次谁也没去，最后就让我们哥俩去找人。"在表达完对村委会不作为的不满情绪后，他们也提出希望由项目组出面要求村委会给予社区文化队一定支持，并打算在文化广场建成之际"找大队上的人看看到底由谁来管理"，希望能够真正组织村民进行文艺活动，充分利用好文化广场。

宋村的案例让我们看到，资源的匮乏以及复杂的村落权力规则和利益关系，使得外援式社区社会组织面临重重困难。由于村委会的不作为，赵万群等人希望借助于外界力量来扭转局势。而在李村，由村书记母亲和妻子组织起来的文艺活动却使一切都变得如此简单：社区老年妇女与中年妇女之间产生的需求矛盾转化到以家庭为特征的关系网络中，通过家庭内部协调来化解社区矛盾，并以村委会的名义给予支持；他们的组织行为不仅不被看作不合时宜的举措，反而为老年妇女和中年妇女追求个人爱好而创造了空间。可见，一个和谐稳定的社区，往往更能够通过自身的权力机制让外部资源转变为利于自身发展的工具，并能够妥善处理其中可能存在的"安全"隐患；而对于政治矛盾尖锐的社区，资源的介入更容易给本身就不稳定的权力格局带来震荡，致使一些项目不得不以失败告终。

2. 不同政治格局下的基础设施建设项目

不同社区公共文化活动的特征，同样体现在基础设施项目中。2009年，EED项目在柳村和杜村均计划开展道路硬化工程。开工前，项目组请来了县交通局到村里进行测量并估算价格，结果预算造价均在70万元左右。村干部认为他们的预算太高，而且村里的小胡同没有必要按照国家道路标准厚度建设，所以估计20万元就能够完成。最终，大家达成一致意见：在EED支持的10万元资金下，各个村再通过"跑项目"的形式到县、市级扶贫单位"跑"来相应配套的10万元。于是，两个村的道路建设如火如荼地展开了。但出乎预料的是，在项目验收期却发现两个村的道路存在巨大的差别：柳村道路无论大小胡同都修到每一位农户家里，而且道路干净、平整，村民个个叫好；而杜村道路只修了公共大路，并且在原来计划的宽度上缩窄了半米，不仅如此，整个道路凹凸不平，脚印满地，很多地方表面的砂石已严重脱落，几乎和修前没什么两样。

杜村的道路引来众多村民的指责："你看人家柳村的路修到了村民家门口，这个村就连用他（村委会）一点灰都不同意"，"戳他一铁锹水泥都不干"，"都让那帮村干部给贪了。"而村干部解释说："这个村太大，胡同很多，到每个老百姓门口得花多少钱啊。"

事实上在修建过程中，两个村采取了不同的组织方式。杜村村委会将项目按小队承包给了村民，除了提供砂石、水泥和包工费用外，一切由包工者负责。这就导致包工者为了赚取更多利润而缩减用工，甚至村委会为了节约开支而提供不合格的水泥等材料①。而在柳村，虽然村干部也雇用了一支建筑队，但整个过程主要由村两委进行指导和监督。这中间虽也因为资金不够修到每户门口而困扰了很久，但他们最后通过努力找到市委组织部，顺利解决了这个问题。对此，柳村的副支书刘金明还向我们描述了他们是如何把握道路的质量问题的：

> 修路期间，我每天晚上9点才下班，早上4点就要起来看看有没有人破坏道路。为这事情还得罪了一个卖烧饼的，因为当时我不让他走刚打过的道，他就不乐意了……我没修过路，但是做得不好我能看出来；我也知道一些程序，比如需要掌握好时间来推磨表面什么的。有一天，我去了外村晚上没回来，后来书记打电话说当天修的道有问题。我去看了发现确实没弄好，就是因为每道程序的时间没掌握好，那些工人是为了提前完工好回家。为了这事，我找到了当事人，说了他一顿后，他第二天没来，我们就重新找了个大工和小工来干。

以上基础设施和公共文化活动两个案例均表明，不同的村庄政治格局导致了村民在面临外来干预事件时会有不同的回应方式，对干预结果的影响也不尽相同。杜村变动不居的政治局势造成村干部在工作作风上显得更加浮躁，更容易因为注重眼前个人利益而忽略村民和社区的长远利益，并潜移默化地影响着村民的日常生活。毕竟，政治派系之间的斗争常常牵涉到家族、邻里之间的人际关系。越是在斗争激烈的社区，村民之间、干群之间的关系越紧张，频频变换的领导班子也越来越难以取得村民的信任。这样一来，干预项目在这些社区的村民眼里，更容易被看作村干部实现其个人目的的工具（项目执行实践也充分证明了这一

---

① 据村民和包工头介绍，村干部提供的水泥标号并非其许诺的"#425"，而是"#325"。此外，村干部还将道路差的主要原因归咎到天气上，认为铺好的第二天下了一场大雪，导致道路被冻后路面泛起了砂石。

点），村民对项目的态度也可能从最开始的期待和欢迎逐渐向怀疑与排斥发展。因此，对于外来干预者，要想顺利实施干预项目，需要充分考虑多样化的社区政治因素，预料到不同政治格局下可能发生的状况，并做好主动采取措施的准备和计划。掌握村庄政治和权力格局以及不同村干部的角色、能力与性格特征，将有助于提高项目的执行效率。

第四节　项目实施方的主动调整措施

我们清晰地记得，干预项目进入社区后，地方行动者经历了对外来干预者及相关活动从怀疑到信任的转变过程，对项目执行原理也经历了从陌生到熟悉的过程。在充分习得外来干预文化基础之上，地方行动者的回应行为也随之发生了转变。伴随社区权力集团对项目不断的讨价还价、对公共资源的控制、对项目资金的挪用或截留等现象的频繁出现，项目组不得不随之进行反思并及时采取调整措施，以保证项目的顺利实施。可以说，发展干预过程也是外来干预者与地方行动者不断斗智斗勇的过程。

一　项目的讨价还价

案例5-9：2006年李村基础设施建设的讨论

书记：市场建设已经是老生常谈的问题了。那你们到底能给多少钱让我们建市场？

项目负责人：上次已经和您说过了，我们能给5万。

书记：5万太少了，肯定不够。……这块地大约5亩，每亩是666平方米，一共3500平方米左右。要打水泥，一袋水泥打一平方米，一吨20袋水泥。

项目负责人：那也只要四五万块钱啊。

书记：这只是水泥，还有砂石什么的还没算呢，而且还需要给技工工资什么的。

项目负责人：如果不够的话，咱们可以做其他的，比如建文化广场。

　　书记：市场还是农民最关心的事，没三四十万建不起来。

　　……

　　书记：农大给多少钱都是心意。只能说给得少了，我们会有点想法，但绝对不会有意见。

　　……

　　书记：能再多给点钱吗？

　　项目负责人：原来的预算是 9 万，由于你们打机井超出了预算，所以这个项目只能给 5 万。

　　书记：5 万肯定不够。我们就按 7 万做一个预算，下午或晚上给你送过去。争取第三期项目可以把市场建起来。

　　案例 5-9 就是最初项目组与村干部之间针对项目资金展开的讨价还价过程。村干部认为，"和你们混熟了，就敢变着法地向你们要钱了"，"发现你们忒有钱"。当然，造成这种现象的主要原因之一，在于地方村干部对项目的资金总额不了解。有关这一点，还与乡镇政府的利益有关。由于 EED 每一期的项目总金额直接拨到乡镇政府，然后由乡镇政府根据项目进展程度对 4 个项目村逐一进行发放。乡镇政府自然希望项目资金能有剩余，以为本部门所掌握和支配。因此，从乡镇政府角度讲，他们不希望项目总资金对项目村公开。"不要和村干部讲每个项目具体有多少钱的预算，少讲一点预算，我们以后可以以追加的形式给他们再拨，这样他们就不会乱花钱。"乡镇政府的话不无道理。

　　不过，在实践过程中，项目组也逐渐意识到资金不透明所带来的弊端。因此，第三期项目即从 2008 年开始，项目组改变了工作方式——采用项目总金额透明的方式，鼓励社区根据自身需求和资金数量做出合理的项目计划。同时，EED 项目负责人由于工作调动也进行了变动。实践表明，工作理念以及相关负责人的变动，使得地方行动者的想法与行为也随之发生了明显变化。

　　前期项目主要负责人是一位在读博士生。虽然村干部总以"博士"的称呼来表示对她的尊敬，但从心理上却一直将其定位在"学生"的位置，认为学生做不了决定，甚至可以与之讨价还价，于是便出现了案例

5-9 的场景。而第三期项目由一位老师接任负责人后，她在项目决策与执行过程中所表现出来的果断、坚定的风格，着实让这些村干部意识到不能再以先前的态度看待 EED 项目了。例如，新的项目负责人要求，在资金上严格控制，确保数额透明的情况下不给村干部留讨价还价的空间；在地方有意愿且有充分准备和计划的情况下，才能开展项目，杜绝村干部对项目"等""靠"的依赖心理；加强基于农户反馈信息的项目调整力度，防止村干部寻租行为；轮流投宿 4 个村，避免村民和村干部产生异议；不过关的项目坚决追究责任；等等。正如这位项目负责人说的："我想知道他们是怎么计划和支配这些资金的，有没有效果；很多情况下，不能和他们讲情面，而要让他们感觉我们很细心，也算是对项目负责吧。"在项目组对自身工作程序进行策略性的调整后，村干部发现：无休止的讨价还价已经失去了效用，而是需要村委会自己主动申请、规划才会有相应支持，并且后期项目支持的力度与前期项目执行情况相关。下面，以资金挪用和项目质量等问题为例，对项目组采取的调整策略做简单介绍。

二 资金的挪用问题

2007 年周转金发放过程中，柳村村会计通过信息的篡改、封锁、不对称以及对私人关系的利用成功挪用了部分资金（见第三章第二节）。2008 年新一轮周转金发放之际，项目组吸取了上一年经验教训，留意到海报公示的资金总数与实际项目总数相差 8000 元。于是，在征得该村书记同意后，项目负责人立即决定将这部分资金转入杜村（此时的杜村村委会正为申请农户多、资金不够用而发愁）。不料事后，柳村书记又找到项目组说："上次没怎么考虑，就答应你们把周转金转给杜村，结果村民知道了，有部分人对此意见比较大。"原来，表示不满的正是该村会计。

　　会计：我本想，周转金有多余的话，我也可以用一点。
　　项目负责人：那你为什么不写申请呢？我们不是规定只要想申请的都要写申请，然后再考虑吗？

会计：不是说去年申请过了的，今年就不能申请了吗？我是想如果有多余的话，我就可以用来炸油条（他家在村里做油条生意），反正钱放在我这里的也没人用，写不写都一样。

周转金的目标群体为社区妇女，并且项目规定，上一年申请但未批准的农户下一年优先考虑。为了给会计留一些面子，我们没有直接对他的行为给予否定。而会计所谓的"如果"，很明显早已在他的周密策划下转化成"事实"。他试图采取上一年同样的手段（详见第三章第二节关于"制度化管理的变通形式"）来实现其"预谋"，不料在最后关头却被项目组的临时决定打乱了。

又如，该村的老书记刘裕福，在2009年退休之际负责村里的垃圾池修建。他以27000元完成了项目，但从乡里报销了3万元。项目组得知情况后，立即让他原数退回多报的3000元。书记有些不情愿，说："我这都退休了，跟你们打了多少年的交道了，始终关系都很不错的。我想着，这3000元我也不打算给你们农大退回去了，就算了。"由于项目组与村干部多年来共创了良好的合作关系与人际关系，村干部认为项目组能够"讲情义"，"睁一只眼，闭一只眼"地对其寻租行为给予通融。但事实证明，越是纵容他们的这种想法，越会给项目执行带来难度。以往，村干部若想截取或挪用资金，都想方设法不让项目组知道，而现在，村书记竟然直接坦言他要私自占有这笔资金。这无不说明要立即对此采取措施的必要性和紧迫性。当然，这些做法一定程度上也会引起当事人的不满，甚至可能破坏项目双方的关系和感情。

三 项目质量评估

前面提到，资金的不透明容易导致双方讨价还价的结果。而进一步的实践表明，资金透明也会对地方积极性产生负面影响。正如那位乡干部所言，当村干部对资金总数有了了解后，便认为无论做不做，计划都会给社区投入资金，并且在做项目预算时也会尽量抬高预算成本，致使项目执行效率越来越低。

同样以2009年杜村道路建设为例。杜村新任领导班子为获得村民支持、争取项目组的信任，在 2007～2008 年通过"先苦后甜"等策略获得文化广场建设及水利设施建设等多个项目的支持，他们似乎从中尝到了甜头；尤其当听说柳村用了 3 万元在村里修建 5 个垃圾池时，他们更加认为项目可以蒙混过关。在这种情况下，2009 年的道路建设果然非常失败。作为项目方，也提前预料到可能发生的状况，决定不按照惯例先给他们拨发资金，而是让他们自己先从上级"跑"来资金和材料进行建设①，待验收合格后再拨。这下，做了事情却没得到钱的村干部、包工头都着急了。杜村村民张正海作为第一生产队的包工头，开始实施他的话语战术：

> 我当过村干部，比较了解农民。历代王朝，苛捐杂税很重。可是现在不但不缴，还有国家的各种补贴。但是吧，这些政策照顾得不平衡，村民有反映。其实老百姓那都是瞎咋呼（闹）。从我个人讲，谁当村干部，都是掏心窝要治理好它，可是老百姓恐怕被干部捞了，捞了物和钱，这都是无稽之谈。再说这道路资金的事情。20 万的项目，村里配套 10 万，可是你不想想这个村连一个养鸡场、磨面厂都没有，从哪里来一分钱？哪里来配套？你对着空气瞎喊啊？都没用！所以说，我觉得这个对村干部来说就挺对得起良心的，不管以前他们捞了多少，这次还是把路修了：托关系弄了点水泥，赊着；老百姓的工钱也都欠着。可是过年关了，他们（工人）也要钱啊。前几次的项目，他们（村干部）是吃着甜头了，想着这次随便糊弄糊弄就行了。再一个，他们怕农大的钱给不了那么多，另一方面还得让农民满意，所以真是前怕狼后怕虎。这次的钱农大要是不给了，村干部真的就要上吊了！你回去后给你们的人反映反映，至少把这年关给过了。来年项目上还需要怎么加工的，来年再让他们弄弄。

---

① 实践中发现，村干部广泛的人际关系足以支持他们独立进行项目建设。例如，该村修建道路过程中所需的砂石不需任何成本就可以从本村或邻村矿山中运来；需要购买的水泥则可以先赊账，然后年终结账（村里很多公共消费都可以通过这种途径解决）；工人的劳务费用一般也是年终结账，毕竟大部分工人来自本村，村民并不担心村干部赖账。

张正海本身是与村干部相对立的（见案例3-2）。他这次的参与其实也表明村干部对他做出了让步，希望他们之间能够和平共处，分得这碗羹。与张正海交流后，项目组并没有立即行动，而是等到腊月才拨发了一部分资金。这次经历后，杜村村干部自然觉得不仅亏了本还丢了面子，从这之后的工作也就不敢再像以前一样怠慢了。

由上可见，文化是共同建构的结果。地方行动者在其日常生活中共同建构了地方文化；在以发展干预为基础的界面互动过程中，他们同样能够与外来干预者共同建构有关发展干预的实践文化。因为作为行动者，双方都具有"获取知识"和"采取行动"的能动性。界面双方在学习彼此文化与知识（见第二章）的同时，也随之调整着自己的行为策略。发展干预的多样化结果就是在双方一轮接一轮的博弈进程中不断被推进和建构而来的。

第五节 讨论与小结

突破时间与空间的约束，我们看到，干预结果并不是稳定不变的，而是呈现多元化、动态的特征。社区多元化的项目实施结果，缘于多元化的社会现实以及在此背景下不同行动者共同行动的结果。宏观经济与政策影响、社区政治与人际状况、村干部执行能力与决策方式、项目实施方的战略调整以及群众的行为回应等，构成了影响项目执行的多元化因素。它们镶嵌在复杂的社区权力结构与人际网络关系中，并通过行动者的互动不断地进行解构和重塑，由此共同促成了项目执行过程的不确定性及其结果的多样性特征。

发展干预结果的动态性特征，缘于它嵌入的是地方真实的生活世界。从地方行动者的视角看，无论在时间还是空间上，他们的日常生活都是连续的、完整的；而发展干预的介入不过是地方行动者面临的不断变化的外部世界之一部分。在这个过程中，地方行动者不断地将纷繁复杂的外来事件内化到他们的生活世界中。这就使得发展干预在某一阶段取得成果，并不代表下一阶段将保持不变。因此，无论作为发展干预的项目计划者、实施者还是研究者，若要全面理解和把握发展干预，就不应当只停留在对项目执行结果的简单评估上。

干预结果的多元化和动态的特征，不得不让我们反思究竟是"地方遭遇发展"还是"发展遭遇地方"。电脑的变迁过程、乡土文化的重建过程以及不同政治格局下的干预结果，无不说明地方行动者内化发展的力量；社区独特的文化特征、村民之间微妙的人际关系、基于地方知识的策略互动，无不展示着"发展被遭遇"的路径。

第六章　结论与思考

由第二期项目支持的柳村饮用水项目为大角沟人畜饮水工程：2005年4月19日至5月29日建设，工期40天。整个工程以公开招标的方式承包给本村村民。蓄水池长14.8米，宽4.5米，容水量166.5立方米。铺设水管全长4000米，水管直径5厘米。挖水管沟分段公开承包给村民。水管沟深80厘米。受益户125户，占全村总户数的70％。

这一期间，四个村的电脑接通了互联网，安装了打印机。四个村电脑管理员掌握了有关电脑的基本操作方法……2007年1月至6月，在累计60个小时的电脑培训中，四个村的76位村民接受了培训。培训的主要内容为如何维护电脑、如何打字以及如何利用网络搜索信息。

以上为"以研究为导向的参与式社区发展项目"执行报告的摘录。不可否认，所有项目活动在一定程度上达到了干预计划的"要求"。然而，从本研究展示的地方真实的项目执行图景可以看到，纷繁复杂、变化多端、生动而真实的地方实践岂能是这几个简单的数字所能涵盖的？"以研究为导向的参与式社区发展项目"在项目村运行了10年之久。在亲身参与和经历了整个实践过程后，笔者发现，社区的发展远远不是在按照预设的道路前进。一些项目失败了，一些项目变样了，一些项目还在艰难地进行着，"生死未卜"。为什么没能达到预期？因为地方行动者并不是在按照我们的预设行动，他们具有能动性，能够根据自身需求通过行为互动将外界干预内化到他们的日常生

活中。通过理解地方行动者的动机、目的、兴趣与行动，将这些微观
要素置于宏观结构当中，便不难理解发展干预的实践本质了。基于
此，本章试图通过分析地方行动者对发展干预的解构、内化和重塑过
程，来理解发展干预的实践内涵。需要指出的是，行动者对干预的解
构、内化和重塑过程并没有严格的界限，而是相互密切联系和不断循
环的过程。

第一节 发展干预的解构过程

要理解地方行动者为什么会采取发展干预预设之外的行动，首先需
要了解他们是如何认识和理解发展干预的，即如何对发展干预进行解
构的。

本研究发现，地方行动者对发展干预进行解构的基础，在于根深蒂
固的地方知识与文化。它们产生于地方日常生活实践中，是社区成员所
共享的一套知识与思想体系。这些共享的知识，能够帮助行动者对自然
世界、社会世界和个人世界达成一致的理解，并指导他们在日常生活中
的互动行为。为了帮助理解不同的知识与文化要素是怎样在社会实践中
有意或无意地得以被使用和重组的，诺曼·龙曾提出"文化类目"
（cultural repertoires）的概念，即指与生活风格、社会价值以及生活原理
相关的各种不同文化要素的集合，如价值观、话语、组织观念、符号、
仪式化程序等（Long，2001）。

在本研究实践过程中，由社区传统道德、权力结构、人情面子、人
际网络关系以及相关利益等要素构成的地方知识与文化，组成了地方村
民认识和解构干预项目的要素。例如，外来干预者单纯的食宿行为，能
够被地方村民解构为与干预行为密切相关的包括经济、权力、人际关系
以及政治力量等方面内容的丰富的地方性文本；在周转金申请的"有发
展意愿—提出书面申请—申请批准"制度框架下，村民将其解构为与人
情、面子和人际关系等要素相关的申请步骤（见第二章）。这些以地方
知识与文化来解构外来干预的逻辑，以其特有的话语与行为方式呈现在
地方行动者日常生活中。正如一场普通的会议讨论，常常能够折射出村

庄权力下的会场逻辑、面子规则以及利益表达方式（参见第二、四章），
等等。

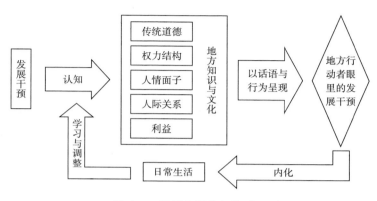

图 6-1 发展干预的解构过程

就地方行动者个体而言，他们对发展干预的解构依赖其认知结构。
认知结构具有共通性和差异性特征。共通性，表现在由地方知识与文化
建构而成的具有共享特征的认知结构；差异性，表现在个体之间因教育
程度、经历与经验等的不同而引起的观点、看法上的差异。因此，地方
行动者对干预项目解构的结果，也会相应呈现出共通性和差异性特征。
相比较而言，以权力为特征划分的村干部和普通村民，构成了社区两大
具有鲜明差别的利益相关群体，他们之间对干预的认识因此也存在一定
差别。在村干部看来，干预项目既可以是增进个人经济利益的资源，又
可以是巩固其政治地位和调和人际关系的一种工具。对村民而言，干预
项目与其说是支持社区的资源，不如说是为特殊人群服务的资源——这
类特殊人群主要表现为以村干部为中心、血缘和地缘为纽带的人际关系
网络。很明显，无论从村民还是村干部的视角看，发展干预的介入过程
势必带来资源分配与人际关系的紧张。

更重要的是，行动者对发展干预的解构是一个不断持续和变化的过
程。毕竟行动者的日常生活是一个在时空上连续的真实世界，行动者之
间能够不断地在互动过程中相互学习、积累经验和调整自己的认知。本
研究有关界面互动的分析表明，处于干预界面的外来行动者和地方行动

者之间能够在互动过程中学习彼此的知识与文化，继而加深地方行动者对发展干预的不断理解，从而共同建构新的发展干预文化。

第二节　发展干预的内化过程

通过以上解构过程，发展干预的理念与执行原理事实上已经发生了变化。这种变化了的结果表明外来发展模式与地方生活之间的不连续性。那么，如何将这种抽象而不连续的外来发展模式整合到地方真实的生活世界呢？地方行动者如何通过他们对项目的解构并采取相应的行动以将项目转化成为自己的项目呢？这就是地方行动者对发展干预的内化过程。

为了实现个人的经济、政治利益需求，村干部展开了一系列诸如话语战术、文本控制、信息封锁以及谈判等行动策略应对来自村民和干预者的压力。对于村民，他们同样调动了诸如人情、关系、面子等资源以满足各自的需求。这些形式多样的行动策略充分展示了地方行动者所具有的强大能动性，同时也为干预的内化过程提供了基础。但是，行动策略并不是孤立和不受约束的。相反，行动策略的实现依赖于资源、权力和能动性，并受到外来干预制度以及社区行为规范的约束。在这一系列要素中，"权力"和"人际关系"是两个突出而又相互联系的关键因素，它们共同决定了项目运行的基本秩序。

这里的"权力"，是指国家赋予村两委以管理社区的政治权力，这是先于干预的使然事实。拥有权力的村干部掌握着诸如村庄内部财务、人事和土地等资源的控制与支配力量，并且这种权力被广大村民所认可。发展干预进入社区，同样不能脱离村干部的权力范围。于是，在项目执行过程中，村干部能够成功地控制信息向村民的传播，能够掌握项目资源在社区的分配方向，等等。与此同时，即使外来干预者试图通过"赋权"的形式来鼓励本没有权力优势的普通村民参与，但这种外来的"赋权"怎能与村庄原有的根深蒂固的权力格局相抗衡？参与式的赋权，其主要的功能是社区内部民主决策的一个辅助工具（李昌平，2005）。实践表明，即使村民拥有民主决策的工具，也并不代表他们有意愿或能够利用这一工具。电脑与周转金的管理、妇女协会的组织等案例，难道不是最好的例证吗？

那么，为何村民不能通过赋权来表达意愿和实现其个人目标呢？不是因为村民不具有所谓的"理性"。恰恰相反，这是经过深思熟虑且通过经验证明的合理的结果。跳出干预的圈子我们看到，村干部掌握的不仅有干预项目的资源，而且有诸如土地调整、低保分配、计划生育、粮食补贴、扶贫款拨发等一系列来自国家的且关乎村民切身利益的资源。于是，这里便涉及维系"人际关系"的概念。一方面，与村庄政治相关联的特定村庄社会结构，包括村庄内部的亲缘结构、情感结构和利益结构，使每个村民都与村干部之间有着某种强弱关联和不可切断的千丝万缕的联系（何绍辉，2008）。另一方面，村民与干群之间需要维持良好的人际关系，不仅是传统道德与文化规范的要求，也是出于对长远利益的现实考虑，即尊重权力以保证资源获取道路的畅通；反过来，村干部也需要维系干群关系，因为选举制度限定了他们的权力必须建立在公众认可基础之上。于是，干群之间形成了一种相互依赖、有来有往的交换关系，也形成了乡村治理逻辑的基础。当然，维系社区人际关系的努力不仅表现在干群之间，也表现在村民之间——文化活动、周转金使用等引发的人际关系矛盾都在村民的努力下悄悄化解了。

正是由于行动者之间的界面互动嵌于复杂而真实的生活世界，相比之下发展干预的制度要求才显得如此苍白无力。尽管干预项目作为一种资源会给社区人际关系带来紧张，但它们却可以被村干部用作缓解矛盾、巩固人际关系以及扩展社会资源网络的一种工具。同时，即使抱有对村干部的不满情绪，村民也绝不会揭竿而起，因为生活上的一些琐事还需依赖于村干部，更何况，随着社会经济的发展，农民家庭越来越不依赖于农业和农村，村民更没有必要与村干部大动干戈。这样，在社区特有的规则和网络下，地方行动者相应形成了一套管理和处理自身事务与问题的方法与行动逻辑。发展干预也就是这样悄无声息地被这套逻辑纳入了行动者的日常生活中。

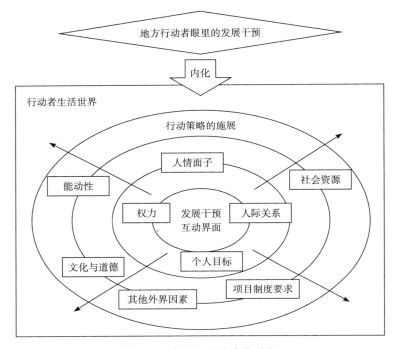

图6-2　发展干预的内化过程

第三节　发展干预的重塑过程

　　基于对干预的解构，不同利益取向的行动者决定了各自的策略方向，并通过与其他行动者的互动来内化干预活动。其结果一方面实现了行动者的目标，另一方面又重塑了干预的内容和结果。以信息扩散为例，一方面，作为外来者的我们不断地向村落固有的规则和网络扩散我们的信息，如食宿行为；另一方面，村落固有的规则、网络等知识形成一个与我们的信息扩散方向相反的轨迹来解构我们的信息和行动。通过与我们的互动，地方行动者往往能够非常成功地将外来干预者的信息、要求和行动内化到村落社会生活的规则和网络系统中。其结果便是改变了我们原有的食宿观点与行为，继而迫使我们在顺应社区文化与规则的同时，又满足了地方行动者需求（见第二章）。

从以上这一过程可以看到，发展干预的重塑过程实质是行动主体共同建构的结果。而发展干预的舞台上活跃着众多行动者，包括外来项目执行者、村干部、村民、地方政府官员以及技术专家，等等。在本研究中，村民与村干部之间以其特殊的方式解构和内化外来干预项目，形成与干预计划不一样的干预结果；外来干预者和地方村民之间同样能够通过其行为互动来对干预结果产生影响。以我们外来干预者与村干部之间的界面互动为例（见第二、五章），一方面，双方能够在互动过程中学习彼此的文化和知识，从而在弥补双方之间知识性鸿沟的基础上，促进干预项目的进一步开展；另一方面，双方又会根据已获得的信息、经验来调整策略和采取进一步行动，从而共同建构了具有地方特色的发展干预文化。

不同行动者之间不断地进行互动和学习，并以此为基础调整着自己的认识与行为，揭示了发展干预的重塑过程是动态变化的，即发展干预不断重塑的过程产生了不断变化的干预结果。此外，发展干预面临的不仅是多元的地方行动者，同时还面临着多样的社会事实。如诺曼·龙指出，在干预的过程中，行动者会不断地受到他们自身内在的组织上和政治上的动态影响，同时也会受到其所面临或自身产生的特殊条件的影响，其中还包括当地或社区人群的反应和对策（Long，2001）。也就是说，发展干预本身嵌入在高度复杂和变化的地方政治、经济与文化环境中，同时还不断地受到地区乃至国家的宏观政策与环境因素影响，这就导致了干预重塑的结果在时空上也具有多样性的特征。

发展干预重塑过程的以上特征——多样性和动态性，提醒我们不能简单地通过评估报告来了解和掌握干预的实践内涵。"评估"并不质疑计划干预的观点以及计划的合理性，也不责怪外部投入的"包裹"或执行活动自身，而倾向于责备农民、环境因素以及商品市场的不确定性（Long，2001）。外来者与地方行动者之间复杂的遭遇，远远超出发展机构文字档案所能反映出来的内容，因此我们不能将研究观察的结果与机构档案所反映的项目结果相联系（Thomas，2002）。正如常人方法论者所支持的观点，组织的文档不能被视为对外部现实的"客观"记录。通过有关地方行动者对发展干预的解构、内化和重塑过程的分析，本研究不得不提出这样的疑问：如此丰富的地方实践活动岂能是几个数据和一段文字所能概括的？无论多么完美的干预计划，又怎能预料到这些多样而不断变化的干预结果？即使项目最终取得了所谓的"成功"，但真的能够说明那是因为项目实施方案设计得很"成功"吗？

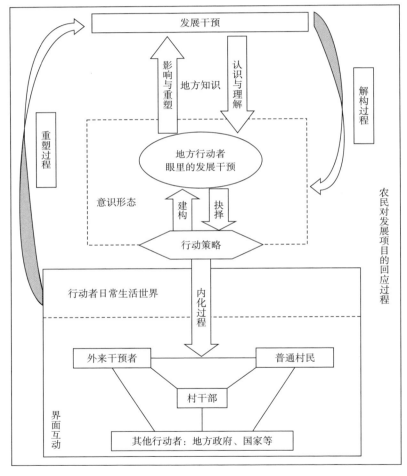

图 6-3 地方行动者对发展干预的回应过程

第四节　反思："发展遭遇地方"还是"地方遭遇发展"

　　通过对发展干预的解构、内化和重塑过程进行分析，现在能够清晰地看到整个发展干预是如何融入地方社区、如何被地方行动者进行"改造"的过程（见图6-3）。在这个过程中，我们看到本土文化吸纳和改造外界文化的强大力量——与其说是地方遭遇了发展干预，不如说是发展干预本身遭遇了地方。发展干预者带着一种良好的心愿帮助社区"发展"，那么它最终给社区带来了什么呢？

　　参与式发展干预强调"赋权"。"赋权"是基于这样的现实，即权力掌握在少数人的手中，大部分村民的利益仍然难以表达。"参与"能够赋予民众声张权利的机会，目前最大的挑战就是在决策过程中增加民众参与机会时，一定要照顾到穷人等弱势群体，而不仅仅是当地的精英群体（李小云，2007）。本研究实践表明，尽管外界通过赋权以鼓励弱势群体参与到利益的表达机制中，但村庄特有的权力规则与人际关系格局很大程度上限制了人们使用"赋权"这一工具的可能性。在每次村民会议中，我们不难发现，村民常常采取"身份范畴化"的策略，以避免因为"过度参与"而引来不必要的矛盾和麻烦。村民策略性地在"参与"和"身份范畴"之间把握着一个"度"，这为我们理解乡村生活及其社会规则提供了强有力的视角。试想，当外来干预者大张旗鼓地宣传着"民主文化"，引来的却是村庄人际关系的动荡和矛盾的恶化时，所谓的"发展干预"是否真的称得上"发展"呢？

　　既然村民并不依赖于外界的"赋权"来表达其利益，那么，当其利益受损时，他们又会以什么形式进行维护呢？在费孝通（1998）看来，中国的乡土社会是一个无讼的礼治社会。传统道德文化约束着人们的行为，一旦出现不符合规矩的行为，则可以通过教化、调解的手段进行纠正；而"法律"，是现代法治社会的一种工具，依赖于一系列硬性的规章制度来约束人的行为，因此与传统的伦理观念有较大差异。不可否认的是，乡土社会在社会转型期正逐渐走向法治道路。于建嵘对中国农民维权历史做了概括：1992 年以前，农民的多数反抗可以大体归结为西方学者所谓的"弱者武器"的"日常反抗"形式；1992~1998 年，农民的反抗可以归结为"依法抗争"或"合法的反抗"；1998 年以后，农民的抗争实际上已进入"有组织抗争"或"以法抗争"阶段（于建嵘，2004a）。然而本研究表明，像张正滨这样"依法抗争"（见第五章第三节）以及张正海这样有明显反抗行为（见第三章第一节、第五章第一节及案例 3-2）的村民仅仅是极少数的案例。"无讼"实质上仍然是乡村社区的一种常态。也有学者进一步指出，在维权实践中，农民常常采取一种"隐性维权"形式，即不采取公开对抗的形式进行维权，其原因既包括特定的村域社会心理文化属性，又包括村庄生存与运作逻辑以及村落政治社会结构（何绍辉，2008）。本研究发现，当利益受损时，除了内部化解外，村民还倾向于采用非正式的方式寻求第三方的帮助。这里的"非正式"，既指非法律的方式，也指非冲突的日常形式。在项目干预过程中，村民往往通过日常谈话向外来项目实施者倾诉他们的不满，社区中似乎弥漫着浓烈的火药味。在这里，笔者不禁要问，既然"和谐"是村民共同的追求，"外来干预"是否有助于社区的和谐发展？

本研究认为，发展干预的介入如同一个放大镜，既放大了村庄各种权力与利益关系格局，又因为其聚焦功能而动摇了这种关系。动摇的结果可能是使原有的权力与利益关系格局更加巩固，也可能是打破原有格局并重建一个新的关系格局。此时不得不问，如果我们将"发展"定义为促进公平、缩小差距、增进和谐的话，那么，这种虽然经过深思熟虑却"意外地"不惜代价地动摇了社区原有关系格局的"发展干预"是否真的是村民希望得到的"发展"？

在实践过程中，独特的乡土文化、动荡的政治格局、变幻莫测的社会环境以及村干部现实的个人利益、多样的行动策略和高效的学习与处理问题的能力，无不给发展干预者带来了一个又一个的挑战。显然，无论作为发展干预政策的制定者还是干预项目的实施者，都应当充分认识到多样化地方实践与动态化干预结果的现实和可能。为了帮助发展干预转换成为合乎地方行动者需求的方案，干预实施者需要具备敏锐的观察力和感悟力，以及面临复杂、多变的环境时，应具备分析与处理问题的能力与素质；而作为干预的政策与项目制定者，其职责在于为社区行动者实现其社区发展战略提供必要的政策与资源支持，并对干预过程中可能出现的各种状况具有一定的预见性，能通过不断的政策调整来找出具有建设性的方法，以化解业已出现或潜在的矛盾与冲突，而不是理所当然地设立理想型模型与目标，并以此为依据来检验"发展干预"的成败。须知，发展干预并非简单的以技术支持和科学分析为基础组成的干预手段，而是与社会生活相互影响和相互联系的一个不断前进的过程。

参考文献

阿图罗·埃斯科瓦尔，2011，《遭遇发展——第三世界的形成与瓦解》，王淳玉、吴惠芳等译，社会科学文献出版社。

安东尼·吉登斯，1998，《社会的构成》，李康、李猛译，三联书店。

蔡澍、傅春晖，2006，《从征地过程看村干部的行动逻辑——以华东华中三个村庄的征地事件为例》，《社会》第2期。

陈建平，2006，《从常规式到参与式农村发展中的角色转换问题探析》，《南方论丛》第1期。

董海荣、左停、李小云、李金才，2004，《转型期中国农村干群关系特点分析》，《农村经济》第12期。

费孝通，1998，《乡土中国 生育制度》，北京大学出版社。

苟天来、左停，2007，《农村社会关系研究评述》，《安徽师范大学学报》（人文社会科学版）第7期。

郭于华，1994，《农村现代化过程中的传统亲缘关系》，《社会科学研究》第6期。

郭于华，2007，《重读农民学经典论题："道义经济"还是"理性小农"》，爱思想网，http://www.aisixiang.com/data/16654.html。

韩伟，2002，《在扶贫项目中应用参与式方法的实践与体会》，《贵州农业科学》第1期。

何绍辉，2008，《隐性维权与农民群体性礼仪表达及困境：来自湘中M村移民款事件的政治人类学考察》，《人文杂志》第6期。

贺雪峰，2004，《熟人社会的行动逻辑》，《华中师范大学学报》第

1 期。

贺雪峰、苏明华，2006，《乡村关系研究的视角与进路》，《社会科学研究》第 1 期。

贺雪峰、仝志辉，2002，《论村庄社会关联——兼论村庄秩序的社会基础》，《中国社会科学》第 3 期。

侯钧生，2006，《西方社会学理论教程》，南开大学出版社。

黄光国，2004，《人情与面子：中国人的权力游戏》，中国人民大学出版社。

黄宗智，1986，《华北的小农经济与社会变迁》，中华书局。

景跃进，2004，《当代中国农村"村两委关系"的微观解析与宏观透视》，中央文献出版社。

凯默勒，2006，《行为博弈——对策略互动的实验研究》，贺京同等译，中国人民大学出版社。

克利福德·吉尔兹，2000，《地方性知识——阐释人类学论文集》，王海龙等译，中央编译出版社。

李昌平，2005，《谁的参与式，为谁而参与》，三农中国网站，ht-tp：//www.sannongzhongguo.net/shownews.asp？newsid＝7098。

李红涛、付少平，2008，《"理性小农"抑或"道义经济"：观点评述与新的解释》，《社科纵横》第 5 期。

李明菲、许之所，2006，《语言博弈及会话策略的调整》，《武汉理工大学学报》第 10 期。

李小云，2001，《参与式发展概论》，中国农业大学出版社。

李小云，2005，《普通发展学》，社会科学文献出版社。

李小云、左停、张兰英，2007，《权力为基础的发展途径》，中国农业大学出版社。

刘健、牛纪伟、段羡菊，2004，《财政支农两千亿，农民受益"毛毛雨"》，《人民日报》6 月 11 日，第六版。

刘晓茜、李小云，2009，《发展的人类学研究综述》，《广西民族大学学报》（哲学社会科学版）第 9 期。

卢敏、王艳国、孙彤、孙长占、钟兵仿、左停、齐顾波、李小云，

2002，《农民参与式实用技术创新的理论研究——不同利益群体利益整合机制探讨》，《贵州农业科学》第 5 期。

米歇尔·福柯，2012，《知识的考掘》，王德威译，麦田出版社。

诺曼·龙、吴惠芳，2007，《21 世纪乡村研究的新挑战：一个社会学的视角》，《中国农业大学学报》（社会科学版）第 3 期。

潘峰，2006，《农民的经济行为是否符合理性——学术争论的回顾与思考》，《农村经济》第 11 期。

潘天群，2006，《决策逻辑中的悖论研究》，《安徽大学学报》第 9 期。

秦晖、苏文，1996，《田园诗与狂想曲——关中模式与前近代社会的再认识》，中央编译出版社。

丘海雄、徐建牛，2004，《市场转型过程中地方政府角色研究评述》，《社会学研究》第 4 期。

沈泉涌，2001，《"不像话"与"不听话"——关于农村干群关系冲突的话题》，《瞭望新闻周刊》第 6 期。

苏明、章红燕、于贞生，2001，《同播绿色文明，共铸千秋功业——中德财政合作项目：经验与展望》，中国友谊出版公司。

苏杨珍，2007，《农民合作与不合作的理性及理性背后的逻辑分析》，《山东省农业管理干部学院学报》第 1 期。

孙立平，1996，《"关系"、社会关系与社会结构》，《社会学研究》第 4 期。

孙立平，2000，《"过程—事件分析"与当代中国国家—农民关系的实践形态》，《清华社会学评论》第 1 期。

汤锦如，2004，《发展项目管理》，中国农业出版社。

王茂美，2008，《社区政治文化：农村政治发展的认同基础》，《兰州学刊》第 12 期。

王伊欢、叶敬忠，2005，《农村发展干预的非线性过程》，《农业经济问题》第 7 期。

翁定军，2005，《冲突的策略：以 S 市三峡移民的生活适应为例》，《社会》第 2 期。

吴斌、叶敬忠，2000，《国际发展项目的理论与实践》，中国林业出版社。

吴毅，2007，《权力—利益的结构之网与农民群体性利益的表达困境——对石场纠纷案例的分析》，《社会学研究》第 5 期。

邢红、温亚利、刘俊昌，2005，《天然林保护工程的博弈分析》，《绿色中国》第 2 期。

徐建青，1988，《恰亚诺夫〈农民经济理论〉简介》，《中国经济史研究》第 4 期。

黄光国，2004，《中国人的权力游戏》，中国人民大学出版社。

杨晖，2007，《参与式方法在社区发展中的应用》，《中国社会导刊》第 16 期。

杨善华、苏红，2002，《从代理型政权经营者到谋利型政权经营者》，《社会学研究》第 1 期。

杨善华、谢立中，2006，《西方社会学理论》（上、下卷），北京大学出版社。

杨善华、侯红蕊，1999，《血缘、婚缘、亲缘与利益——现阶段中国农村社会中的"差序格局"的"理性化"趋势》，《宁夏社会科学》第 6 期。

杨小柳，2006，《西方参与发展的理念和实践》，《广西民族学院学报》第 5 期。

杨小柳，2007，《发展研究：人类学的历程》，《社会学研究》第 7 期。

叶敬忠，2004a，《创造变化的空间——农民发展创新的原动力研究》，《中国农村观察》第 4 期。

叶敬忠，2004b，《农民发展创新中的社会网络》，《农业经济问题》第 9 期。

叶敬忠，2005a，《参与式林业规划过程中的利益相关群体分析》，《绿色中国》第 11 期。

叶敬忠，2005b，《建立国内支农项目咨询制度研究》，《农业经济问题》第 5 期。

叶敬忠，2008，《发展干预中的权力滴流误区与农民组织》，《广西民族大学学报》（哲学社会科学版）第 3 期。

叶敬忠、刘晓昀，2000，《现代发展的内涵及其在国际发展项目中的应用》，《农业经济问题》第 11 期。

叶敬忠、李小云，2002，《社区发展中的儿童参与》，中央编译出版社。

叶敬忠、汪力斌、李欧、简小鹰，2002，《农村发展研究》（上册），中国农业大学出版社。

叶敬忠、刘燕丽、王伊欢，2005，《参与式发展规划》，社会科学文献出版社。

叶敬忠、王伊欢，2001，《对农村发展的几点思考》，《农业经济问题》第 10 期。

叶敬忠、王伊欢，2006，《发展项目教程》，社会科学文献出版社。

叶敬忠、那鲲鹏，2008，《发展干预社会学研究综述——解读〈寻找中间地带——发展干预社会学研究〉》，《中国农业大学学报》（社会科学版）第 3 期。

叶孝生，2005，《农民合作难的博弈论解读和思考》，《兰州学刊》第 4 期。

应星，2001，《大河移民上访的故事》，三联书店。

应星，2007，《草根动员与农民群体性利益的表达机制——四个个案的比较研究》，《社会学研究》第 2 期。

于建嵘，2004a，《当前农民维权活动的一个解释框架》，《社会学研究》第 2 期。

于建嵘，2004b，《土地问题已成为农民维权抗争的焦点——关于当前我国农村社会形势的一项专题研究》，《研究动态》第 11 期。

喻卫斌，2005，《农民维权活动新变化观察》，《观察与思考》第 1 期。

袁小平、吕益贤，2008，《关系网络与中国乡村社会关系变迁》，《安徽农业科学》第 3 期。

张丙乾，2005，《权力与资源——农村社区开采小铁矿的社会学分析》，中国农业大学博士学位论文。

张绍平，2003，《浅谈如何消除决策实施中的"梗阻"现象》，《社会工作》第 12 期。

张兴祥，2007，《工会组织缺位下的工人个人谈判博弈——简论我国民工的策略抑制问题》，《财经科学》第 4 期。

张琢、马福云，2010，《发展社会学》，中国社会科学出版社。

赵红军，2010，《农民家庭行为、产量选择与中国经济史上的谜题：一个考察中国未能发生工业革命的微观视角》，《社会科学》第 1 期。

赵旭东，2003，《反思本土文化建构》，北京大学出版社。

郑欣，2005，《乡村政治中的博弈生存》，中国社会科学出版社。

周晓红，2004，《学术传统的延续与断裂——以社会学中的符号互动论为例》，《社会科学》第 12 期。

朱红文、王鲭钧，2008，《谈话分析与社会科学的方法论转向》，《华中科技大学学报》（社会科学版）第 1 期。

朱晓阳，2005，《在参与式时代谈建构"性别主体"的困境》，《开放时代》第 1 期。

朱兴涛，2009，《转型期中国东北乡村的社会关系研究》，东北师范大学博士学位论文。

朱志方，1998，《社会决策论》，武汉大学出版社。

左停、齐顾波、钟兵仿，2003，《农民参与式技术发展以及其中的一些问题的讨论》，《农业技术经济》第 1 期。

韦伯，1998，《经济、诸社会领域及权利：韦伯文选》（第 2 卷），李强译，三联书店。

韦伯，2008，《社会科学方法论》，韩水法译，中央编译出版社。

西奥多·舒尔茨，1999，《改造传统农业》，梁小民译，商务印书馆。

亚瑟·亨·史密斯，2008，《中国人的德行》，陈新峰译，金城出版社。

詹姆斯·斯科特，2011，《弱者的武器》，郑广怀、张敏、何江穗译，译林出版社。

詹姆斯·斯科特，2012，《国家的视角：那些试图改善人类状况的项目是如何失败的》，王晓毅译，社会科学文献出版社。

詹姆斯·斯科特，2013，《农民的道义经济学：东南亚的反叛与生存》，程立显等译，译林出版社。

乔纳森·特纳，2006，《社会学理论的结构》，邱泽奇、张茂元等译，华夏出版社。

乔纳森·波特、玛格丽特·维斯雷尔，2006，《话语和社会心理学：超越态度与行为》，肖文明等译，中国人民大学出版社。

Arce，Alberto，Norman Long. 1992. "The Dynamics of Knowledge：Interfaces between Bureaucrats and Peasants". In *Battlefields of Knowledge：the Interlocking of Theory and Practice in Social Research and Development*, edited by Norman Long. London：Routledge.

Arce，Alberto，Norman Long. 2000. "Reconfiguring Modernity and Development from an Anthropological Perspective". In *Anthropology，Development and Modernities*, edited by Alberto Arce & Norman Long. London and New York.

Arce，Alberto. 1986. "Agricultural Policy Administration in A Less Developed Country：The Case Study of Mexico". Ph. D. Thesis, University of Manchester.

Arce，Alberto. 1995. "Beyond State Intervention：Post-modernism and Development". In *In Search of the Middle Ground：Essays on the Sociology of Planned Development：Liber Amicorum Dirk can Dusseldorp*, edited by Georg E. Frerks & Jan H. B. den Ouden, Wageningen Agricultural University.

Chambers，R. 1983. *Rural Development：Putting the Last First*. London：Longman.

Frerks，Georg. 1995. "In Search of the Middle Ground：A Traverse between Multidimensional Order and Post-modernist Relativism". In *In Search of the Middle Ground：Essays on the Sociology of Planned Development：Liber Amicorum Dirk can Dusseldorp*, edited by Georg E. Frerks & Jan H. B. den Ouden, Wageningen Agricultural University.

Grindle, Merilee Serrill. 1977. *Bureaucrats, Politicians, and Peasants in Mexico: A Case Study in Public Policy*. Berkeley. Los Angeles. London : University of California Press.

Long, Andrew. 1992. "Goods, Knowledge and Beer: The Methodological Significance of Situational Analysis and Discourse". In *Battlefields of Knowledge: The Interlocking of Theory and Practice in Social Research and Development*, edited by Norman Long. London: Routledge.

Long, Norman & Jan van der Ploeg. 1989. "Demythologising Planned Intervention: An Actor Perspective". *Sociologia Ruralls.* XXIX , 3/4.

Long, Norman. 1968. *Social Change and the Individual: A Study of the Social and Religious Responses to Innovation in A Zambian Rural Community.* Manchester University Press.

Long, Norman. 1992. "From Paradigm Lost to Paradigm Regained: The Case for An Actor-oriented Sociology of Development". In *Battlefields of Knowledge: The Interlocking of Theory and Practice in Social Research and Development*, edited by Norman Long. London: Routledge.

Long, Norman. 2001. *Development Sociology: Actor Perspective.* London and New York: Routledge.

Mosse, Devid. 2005. *Clutivating Development: An Ethnography of Aid Policy and Practice.* London Ann Brbor, MI. Pluto Press.

Nelson-Richards, M. 1982. *Social Change and Rural Development: Intervention or Participation, A Zambian Case Study.* University Press of America.

Nuijten, Monique. 1992. "Local Organization as Organizing Practices: Rethinking Rural Institutions". In *Battlefields of Knowledge: The Interlocking of Theory and Practice in Social Research and Development*, edited by Norman Long. London: Routledge.

Ploeg, Jan Douwe vander. 2008. *The New Peasantries: Struggles for Autonomy and Sustainability in An Era of Empire and Globalization.* London: Earthscan.

Robertson, A. 1984. *Peopie and the State：The Anthropology of Planning*. Cambridge：Cambrige University Press.

Rossi, Benedetta. 2006. "Aid Policies and Recipient Strategies in Niger：Why Donors and Recipients Should not Be Compartmentalized into Separate 'Worlds of Knowledge'". In *Brokers and Translators：The Ethnography of Aid and Agencies*, edited by David Lewis & David Mosse, Kumarian Press.

Samuel, Popkin. 1979. *The Rational Peasant：The Political Economy of Rural Society in Vietnam*. Berkeley：University of California Press.

Seur, Han. 1992. "The Engagement of Researcher and Local Actors in the Construction of Case Studies and Research Themes：Exploring Methods of Restudy". In *Battlefields of Knowledge：The Interlocking of Theory and Practice in Social Research and Development*, edited by Norman Long. London：Routledge.

Thomas, Gramming. 2002. *Technical Knowledge and Development：Observing Aid Projects and Processes*. London, New York. Taylor & Francis.

Torres, Gabriel. 1992. "Plunging into the Garlic：Methodological Issues and Challenges". In *Battlefields of Knowledge：The Interlocking of Theory and Practice in Social Research and Development*, edited by Norman Long. London：Routledge.

Verschoor, Gerard. 1992. "Identity, Networks, and Space：New Dimensions in the Study of Small-scale Enterprise and Commoditization". In *Battlefields of Knowledge：The Interlocking of Theory and Practice in Social Research and Development*, edited by Norman Long. London：Routledge.

Villarreal, Magdalena. 1992. "The Poverty of Practice：Power, Gender and Intervention from An Actor-oriented Perspective". In *Battlefields of Knowledge：The Interlocking of Theory and Practice in Social Research and Development*, edited by Norman Long. London：Routledge.

Vries, Pieter de. 1992. "A Research Journey：On Actors, Concepts and the Text". In *Battlefields of Knowledge：The Interlocking of Theory and Practice in Social Research and Development*, edited by Norman Long. London: Routledge.

Ye, Jingzhong. 2002. *Processes of Enlightenment: Farmer Initiatives in Rural Development in China.* The Netherlands: Wageningen University.

Wang, Yihuan, 2003. *How Discontinuities Become Continuities: The Dynamics of Participatory Development in Rural China.* The Netherlands: Wageningen University.

How Discontinuities Become Continuities: The Dynamics of Participatory Development in Rural China. The Netherlands: Wageningen University, 2003.

后　记

　　《遭遇地方：行动者视角的发展干预回应研究》是"以研究为导向的参与式社区发展项目"系列研究成果之一。笔者于 2005 ~ 2010 年（硕士研究生至博士研究生期间）进入研究社区并参与项目实施，于 2010 年完成研究写作，并在 2014 ~ 2015 年进行后期修改，最终成书。

　　以人类学方法进行发展干预研究，在国内发展干预研究领域中并不多，因此对笔者而言也是一个不小的挑战。所幸，笔者在读期间有充裕时间长期入驻社区进行观察记录，并与当地建立了很好的联系；加之干预项目自 1999 年进入社区到 2011 年结束期间，研究团队积累了大量详细而生动的一手资料，为本研究顺利开展提供了保障。同时，国外大量人类学视角的发展研究成果，也为笔者完成本研究提供了坚定信念和技术支撑。

　　本书在调研、写作过程中，获得了中国农业大学人文与发展学院叶敬忠教授、美国德克萨斯大学（奥斯汀分校）社会学系布莱恩·罗伯茨（Bryan R. Roberts）教授的大力支持。在此，要特别感谢两位教授多年来对笔者的学术指导与帮助，特别感谢恩师叶敬忠教授对笔者在做人、做事、做研究上的耐心教诲，并给予笔者完善后期写作的大力支持！本书还要衷心感谢以叶敬忠教授为中心的"叶团队"每一位成员，他们是陆继霞、吴惠芳、汪淳玉、饶静、贺聪志、潘璐、杨照、董强、张丙乾、肖艳、杨洪萍、黄颖、那鲲鹏、安苗、陈世栋、孟祥丹、刘娟、任守云、孙睿昕、呼占平、卢平、韩莹莹、王雯、丁宝寅等。团队直至深夜的讨论学习至今历历在目，本书部分详细生动的案例记录材料离不开他们的无私奉献！

　　笔者自知研究水平有限，本书还有许多不足和需要进一步挖掘、拓展的空间，敬请各位专家、学者批评指正。

李春艳

成都·2015 年 7 月 25 日

图书在版编目（CIP）数据

遭遇地方：行动者视角的发展干预回应研究/李春艳著. —北京：社会科学文献出版社，2015.8

ISBN 978-7-5097-7906-4

Ⅰ.①遭⋯　Ⅱ.①李⋯　Ⅲ.①社区建设–研究–河北省　Ⅳ.①C912.8

中国版本图书馆 CIP 数据核字（2015）第 192192 号

遭遇地方：行动者视角的发展干预回应研究

著　　者 / 李春艳

出 版 人 / 谢寿光
项目统筹 / 韩莹莹
责任编辑 / 韩莹莹

出　　版 / 社会科学文献出版社 · 人文分社（010）59367215
　　　　　 地址：北京市北三环中路甲 29 号院华龙大厦　邮编：100029
　　　　　 网址：www. ssap. com. cn
发　　行 / 市场营销中心（010）59367081　 59367090
　　　　　 读者服务中心（010）59367028
印　　装 / 三河市尚艺印装有限公司

规　　格 / 开　本：787mm×1092mm　1/16
　　　　　 印　张：12.75　字　数：197 千字
版　　次 / 2015 年 8 月第 1 版　2015 年 8 月第 1 次印刷
书　　号 / ISBN 978-7-5097-7906-4
定　　价 / 59.00 元